人人离不开的
人情世故

潘鸿生 编著

说话的学问和艺术
做人的哲学和境界
办事的能力和技巧

金城出版社
GOLD WALL PRESS
·北京·

图书在版编目（CIP）数据

人人离不开的人情世故 / 潘鸿生编著. —北京：
金城出版社有限公司，2022. 8
ISBN 978-7-5155-2346-0

Ⅰ. ①人…　Ⅱ. ①潘…　Ⅲ. ①人际关系学—社会心理学
Ⅳ. ① C912.11—49

中国版本图书馆 CIP 数据核字（2022）第 057817 号

人人离不开的人情世故

作　　者　潘鸿生
责任编辑　丁洪涛
责任校对　王秋月
开　　本　880 毫米 ×1230 毫米　1/32
印　　张　7
字　　数　120 千字
版　　次　2022 年 8 月第 1 版
印　　次　2022 年 8 月第 1 次印刷
印　　刷　三河市刚利印务有限公司
书　　号　ISBN 978-7-5155-2346-0
定　　价　45.00 元

出版发行　**金城出版社有限公司**　北京市朝阳区利泽东二路 3 号
　　　　　邮编：100102
发 行 部　（010）84254364
编 辑 部　（010）84250838
总 编 室　（010）64228516
网　　址　http://www.jccb.com.cn
电子邮箱　jinchengchuban@163.com
法律顾问　北京市安理律师事务所　（电话）18911105819

前言

自古以来，中国人特别注重“人情世故”。曹雪芹笔下的《红楼梦》中有一副对联，“世事洞明皆学问，人情练达即文章”，形象地概括千百年来中国人的处世哲学。懂得人情世故，就会把事情做得滴水不漏，让自己和别人都感到满意，从而很容易做成事情。不懂人情世故，就会把事情搞砸，而且还不知道自己错在什么地方。

人情世故是人们日常生活中积累的约定俗成的行为规则。南怀瑾先生曾说过：“不管是为政还是做事，是靠人生经验的累积。而人生经验累积成什么东西呢？简单的四个字——人情世故。人情就是人与人之间融洽相处的感情。世故就是透彻了解事物。懂得过去、现在、未来。世界上这些事情，要懂得人，要懂得事，就叫作人情世故。”凤凰卫视主持人窦文涛也说过：“在这个江湖里头混吧，你总得通晓人情世故，什么话能说，什么话不能说，什么话得这么说，什么话得那么说。不通人情世故，恐怕活下去都有困难。”事实的确如此。一个人要想生活得好，就得通晓人情世故。大凡成功的人，无一例外都明白这一点。

所谓的人情世故，也是为人处世的方法。这门学问只能在社会中学到，在历练中掌握。一个人想要在社会中脱颖而出，最大的决定因素并不是他的学历、背景甚至能力，而是他的处世态度和方式。每一个怀才不遇、感叹世事不公的人，他往往缺少的不是才华，而是对人情世故的认知。

人生不易，处世更难，要想生活得风生水起，只有深谙人情世故，会做人、会做事，才能绕过艰难险阻，处处得人相助，更快地适应这个社会，成就美好的未来。

本书以通俗易懂的语言以及贴近生活的事例，全面阐述了如何做人、怎样处世的智慧与方法。它可以帮助你少走弯路，让你学会用最融洽的方式与他人相处，助你在漫长的人生路途上，乘风破浪、披荆斩棘，到达成功的彼岸。

目　录

第一章

所谓人情世故，一半是在说话里

寻找对方的兴趣为突破口

生活中，我们不可能不与人打交道，人情往来自然不可避免，那么，我们怎样做才最能打动人心呢？最佳的方法莫过于在与人交往中，多谈论对方感兴趣的事物，这样一来，他就会认为我们是一个善解人意的人，从而对我们产生好感。

每个人都有自己感兴趣的事物或话题，如果你能找对方感兴趣的事或物交谈，就会使谈话的气氛友好而和谐；相反，如果你只谈对自己感兴趣的事情，就会使对方感觉到谈话乏味无聊，当然不同的谈话形式带来的结果也不会相同。

戴维斯是一家火腿加工厂的经理，他想把自己公司生产的火腿推销给一家大饭店。近3年来，他时常给该饭店的老板打电话推销火腿，而且还问寒问暖，逢年过节送礼物。他甚至还在该饭店开了长期的包房，想依此获得该饭店老板的好感，以便成交这笔生意，但是，这些努力都是徒劳的。

在一次偶然的机会下，戴维斯发现这个饭店的老板是一个“全国旅馆招待者”组织的骨干会员，他对这个组织极为热心，而且最近还当选为主席。不论该组织在哪里举行活动，他都一定到场，即使路途再远也不影响他的出席。得到这一信息后，戴维斯详细研究了这个组织的相关信息。

过了几天，当戴维斯再次见到饭店老板时，开始大谈“全国旅馆招待者”组织，那家饭店的老板当即滔滔不绝地跟戴维斯热情地交谈起来。当然，话题都是关于“全国旅馆招待者”这个组织的。到最后谈话结束时，戴维斯得到了一张该组织的会员证。在这次会面中戴维斯根本没有提及火腿的事，但几天之后，那家饭店的厨师长就打电话过来，让戴维斯把火腿样品和价格表送过去。

“天啊！你居然可以说服我们的老板，要知道，他可是一个十分固执且不好说话的人。”厨师长在电话里说。

“是啊！简直太难了！为了做成这笔生意，我整整向他推销了3年的时间，还为此长租了你们饭店的包房，却始终没有收获。”戴维斯感慨地说，“不过感谢上帝，我找到了他的兴趣所在，知道他喜欢谈论什么内容的话题。”

法国喜剧作家莫里哀说过："人因其爱好而容易上当。"上例中的戴维斯先生正是利用了这一点，找到了对方的兴趣点，从而达到自己的目的。

寻找兴趣爱好，是精通人情世故的人常用的一个说话技巧。迎合对方的兴趣说话，是为了与对方找到共同话题，为自己后来要说的话做铺垫。只要双方有话可谈，再不失时机地进行适当的赞美，对方就会对你产生好感。

古人说："话不投机半句多。"只要抓住了对方的兴趣，投其所好，不仅不会"半句多"，而且会千句万句也嫌少，越谈越投机，越谈越相好。如果你不了解对方的兴趣点，只顾自己自说自话，根本就引不起他的兴致，起不到沟通的作用。所以，如果你希望别人喜欢你，就要聊对方最关心、最有兴趣的事情。一旦你能找到对方的兴趣所在，并以此为突破口，那你的话就不愁说不到他的心坎上。

有时，善意的谎言比大实话更中听

在人们的认知中，说谎是不诚实的表现，是一种不良品质。可凡事都有两面性。有些特殊的情况下，为了他人的幸福和希望而适度地撒一些小谎的时候，谎言即变为理解、尊重和宽容，而且具有神奇的力量，这就是所谓的“善意的谎言”。

生活中，在不能说实话的情况下，善意的谎言就成为一种选择，这也是懂人情世故的表现。例如，对癌症患者撒谎说不是癌，以免病人受到刺激，使病情恶化；对生病的孩子撒谎说药片不苦，是为了让他把药吃下去，治好病。善意的谎言，其用心是善良的，以维护他人利益为目的和出发点的。善良的谎言，有时胜过不该说的真话，它就像生活的调味剂，在适当的时候说出来的谎言，饱含真诚和甜蜜，能让说谎者与被“骗”者共享欢快。

一天，王华得知父亲身体不舒服，便急忙带着父亲前往医院检查，没想到检查结果不是很乐观。医生发现王华父亲的身体里已经有恶性肿瘤扩散的现象，并且已经错过了最佳的治疗阶段。

王华听到这个消息后，一时之间不知如何是好，他担心父亲知道后会伤心过度，对病情不利。于是，他决定联合家人将父亲的病情隐瞒起来。

从医院回到家，父亲便急着问儿子自己的病情，王华面带微笑地对父亲说："没什么事，别担心，吃点药就好了。"

父亲听了后，这才安心。

在王华和家人的隐瞒下，老爷子每天都开开心心地过日子，完全不知道自己身患重疾。

原本医生说，老人活不过半年，结果老人硬是多活了5年的时间，这简直就是个奇迹，连医生都觉得不可思议。

直到父亲去世前，王华才跟父亲坦白了自己对他说的谎言，父亲知道后走得很安详。因为他知道，如果没有儿子善意的谎言，说不定他还活不到这么久呢。

在一些特殊的情况下，我们说一些善意的谎话是完全有必要的，因为它能给予他人幸福和希望。人生的道路不平坦，逆境常多于顺境。身处逆境，面对不幸，当事者不仅需要坚强，也迫切需要别人的劝慰。而及时送上真诚的安慰，必要时说上几句"谎言"，如雪中送炭，能给不幸者以温暖、光明和力量。

美国社会心理学家费尔德曼说道："懂得在适当的时候撒谎或扭曲事实，是待人接物的技巧。"善意的谎言是一种处世的方式，是一种替人着想的品质。善意的谎言，是出于善良的动机，即为了减轻不幸者的精神痛苦，帮助其重振生活的勇气。如果明知会加重对方的精神痛苦，但仍要实言相告，虽不算坏话，但也是蠢话。

俗话说："适当的谎言是权宜之计。"有时候，如果坦率无疑是一种伤害，那么不如选择善意的谎言。这也是懂人情知世故的表现。善意的谎言是一种不可缺少的"润滑剂"，给我们的生活增添了幸福与和谐，免除了矛盾和尴尬。只要谎言出自真心，只要谎言出现的原因不是伤害而是维护，在真诚待人的基础上，我们也不妨在适当的时候说说善意的谎言。

巧妙拒绝，不让对方觉得难堪

拒绝是一门人生的学问，也是一门人生的艺术。喜剧大师卓别林曾经说过："学会说'不'吧，那样你的生活将会好得多。"适当而巧妙地拒绝对方的不合理要求，胜过被动地接受，这可以有效地避免因此带来的不良后果。

生活中，我们经常会遇到别人的请求，若直接拒绝，对方可能会很尴尬，并因此而伤心。此时，不妨把拒绝的话说得委婉一些、含蓄一些。

一次，一家报社邀请林肯总统参加他们的编辑大会，并要他在大会上发言。林肯不愿意过于频繁地参加这种会议，更不想在大会上讲话，不过他担心如果明言拒绝，既扫了对方的兴，又会给一些小报捕风捉影的素材，于是林肯在会上讲了这样一个小故事：

有一天，我在森林里遇到一位穿戴很时髦的小姐，由于道路很狭窄，我便侧身一旁让她先行，但与此同时，这位小姐也停了下来，并且目不转睛地看着我。

她说："我此时才知道，世界上没有比你更丑陋的男人了。"

我回答说："您说的是事实，但我又有什么办法呢？"那位小姐说："当然，父母所造成的缺陷的确是无法弥补的，但你可以躲在家里不出来啊！"

所有的人都被总统的幽默故事逗笑了，大会主席也不再坚持让他上台讲话了。

人际交往中，任何人只要提出要求，总是不希望遭到拒绝，一旦遭到拒绝，必然会表现出不悦和失望。有时候，这种不悦和失望会伤害彼此之间的感情，妨碍彼此的沟通及建立正常的交往关系。因此，拒绝别人时，一定要尽可能婉言拒绝，做到既不伤及对方的面子，又达到拒绝他的目的。

学会拒绝既是对自己的一种保护，也是对他人的一种体贴。委婉地拒绝能让人接受和理解，而直接拒绝则使人恼怒和反感，导致尴尬局面的形成，并影响到我们的人际关系。所以，同样是拒绝别人，不同的拒绝方式，给人的感受是不同的。

王凯在一家电器大卖场工作。一天，他的一位朋友来商场买电视机。看遍店内陈列的样品都不满意，要求王凯领他到库房里去看看。面对朋友的不情之请，王凯不好直接拒绝，于是只好笑着说："前几天经理刚宣布过，不准任何顾客进仓库。"

尽管王凯的朋友心中不大满意，但毕竟比直接听到"不行"的回答减少了几分不快。毕竟拒绝不是王凯的意思，责任已经全部推到经理那里。经理有言在先，王凯也爱莫能助。

正确拒绝他人是一种应变的艺术，它能让你化险为夷，为自己留下回旋的空间。找一个恰当的借口拒绝对方，模糊一些，对方会欣然接受；如果生硬地拒绝，对方则会产生不满，以为我们不近人情，甚至对你产生怨恨。所以，拒绝也是有一些技巧的，掌握了拒绝的技巧并恰当运用，既可以达到拒绝的目的，又不会使对方难堪。

总之，拒绝不仅是一种策略，也是一门艺术。在人际交往中，面对不合理要求，拒绝是最佳的选择。其关键是要选择一种巧妙的拒绝方式，在不伤害对方的情况下，能让对方接受你的拒绝。

懂幽默的人到哪里都受欢迎

语言的表达，是人与人之间感情交流的主要渠道，语言障碍无疑是人际交往的大敌。因此，在彼此交流的过程中，要设法让双方的心灵距离拉近些，而幽默感恰是取悦人心的神奇力量。

人们常说，幽默是思想、学识、智慧和灵感在语言运用中的结晶，是一瞬间闪现的光彩夺目的火花。因此，幽默的言谈将使你的社交如鱼得水，处处逢源。

萧伯纳是英国现代杰出的戏剧作家，也是擅长幽默与讽刺的语言大师。有一次，萧伯纳因脊椎病去医院检查。医生说：“我想到了一个办法可以根治你的脊椎病，可以从你身上其他部位取下一块骨头来代替那块坏了的脊椎骨，这样就不用那么麻烦地吃药了。只需要一个手术而已，但是这个手术对我们而言是一个巨大的挑战，因为这种手术我们从来没有尝试过，所以相对而言有些难度，而且手术的过程中你也要承受巨大的痛苦。因为这个手术史无前例，所以在收费上我们也要高点儿，不会等同于一般的手术。”

萧伯纳听了医生的介绍后，淡淡地一笑说：“好呀！不过请告诉我，你们打算付给我多少手术试验费？”

一个很棘手的问题被萧伯纳的一句话极其巧妙地处理了，避免了不愉快的争执。这就是幽默所带来的效果！幽默是交际场合的润滑剂，不但能给别人一个台阶，而且会显示出自己的大度。

幽默与智慧同行，交际场合中具有幽默感的人会让人感觉聪明灵活，会给人留下深刻的印象。现实生活中，懂得运用幽默的人往往会更有魅力，同时也能让复杂棘手的事情迎刃而解。

启功是中国当代著名书画家，他成名之后，经常有人上门求字求画。启功先生为人谦和，心地善良，无奈上门的人太多，严重影响了他的创作和身体健康，所以，他常在自己的门上挂个牌子，上写："大熊猫病了！"来者看后通常会心一笑，打道回府。

幽默是社会活动的必备礼品，是活跃社交场合气氛的最佳"调料"。它能增添人们的欢乐，轻描淡写般地拂去可能飘来的一丝不快，还能巧妙得体地摆脱自己或他人面临的窘境——这就是幽默的魅力所在。美国心理学家保尔·麦基认为，幽默对于人的社交能力的发展起着举足轻重的作用。

人与人交往最重要的目的是想让别人能够接受自己。如果不能够给别人惊喜或者意外，那么想让别人记住自己恐怕很难。而幽默是打开别人心房的一把钥匙，也是交际场合的一种常用手法，懂得幽默的人必然会受到别人的欢迎。让我们成功地驾驭幽默，达到交谈的最高境界吧。

任何时候都不要把话说绝

生活中，我们常常听到有人这样说："男人没一个好东西"或"女人没一个好东西"。事实真的如此吗？

不尽然。这话就是说得太绝对，一篙子打翻一船人。

与他人说话，要给自己留有余地，不可把话都说满。正所谓：物极必反，否极泰来。如果一个人把话说得太绝、太满，就会招惹他人，引起怒火，使其走向极端。生活中很多尴尬是由自己一手造成的。其中有一些就是因为话说得太绝造成的。

有一次，一位推销员向一家人推销《幼儿百科全书》，他说这套书可以解答孩子提出的所有问题。接着他又对那家的孩子说："小朋友，你可以随便问我一个问题，我都可以从这本书上找答案。"于是，这个小朋友问："上帝坐的是什么牌子的车子？"推销员一听，傻眼了，无言以对。可想而知，推销活动没有获得成功，但这个推销员从此总结了一个经验教训——话不能说得太满。

有句话说："责善切戒尽言。"人生一世，万不可使某一事物沿着某一固定的方向发展到极端，而应在发展过程中充分认识其各种可能性，以便有足够的条件和回旋余地采取机动的应付措施。所以，我们说话要留有余地，不可把话说得太绝了。

美国前总统富兰克林这样说过："我所说的话，一定竭力避免伤害别人情感，我自己甚至禁止使用一切确定的词句，如'当然''一定'等，而用'也许''我想'来代替。说话关系重大。你如果出言不慎，跟别人争辩，那么，你将不会获取别人的同情、别人的合作、别人的帮助、别人的支持、别人的赞赏。"弓箭拉得太满就容易断，水缸里的水装得太满容易外溢，气球打得太满容易爆破，说话说得太绝容易出现尴尬局面。所以说话时，多些考虑，留有余地，要给自己留条后路。否则，君子一言，驷马难追，不仅会给人际关系造成不应有的损失，还会因此影响自己的前途和声誉。

曾有这样一个故事：

很久以前，有三个书生进京赶考，由于多次考试都没有考中，他们都心里没有底，忐忑不安。在半路上，他们遇到一个算命先生，便请这位算命先生给他们测测前程。这个算命先生仔细打量了他们半天后，就眯着眼，用手指掐算一番，然后冲他们伸出了一个指头，说道："这就是你们赶考的结果。算不准，你们来找我。"

三个书生走了以后，旁边的人十分纳闷，问道："您伸出一个手指头是什么意思，难道是说他们三人里有一个人会中吗？万一结果不是这样怎么办？”

算命先生哈哈大笑，说道：“我这一个指头，就把他们三个人考试的所有情况都包括了进来，用不着知道结果。你看，如果他们三人中的一个中了，我测对了；如果他们三人中有两个人中了，一个没中，我测对了；如果他们三个全部都考中了，我也测对了——因为一个指头就是一起中的意思；反之，则是一个都考不中的意思了。”

其实，生活中，我们经常会遇到一些自己无法预料或判断的事情，这时请不要把话说死、把话说绝，不妨学学上例中算命先生这一招，给你自己留一点余地。也许有人会认为算命先生这一招太过“鸡贼”，但这就是人情世故，起码先安抚了三个书生的心态，至于考试结果就看他们各自的能力，同时也避免了自己将来下不了台。

与人交谈，任何时候都不要把话说绝，给双方都有回旋的余地，做到求同存异，这样的交流富有弹性，也符合人的理性，更容易取得好的结果。如果话语相逼，不留空间，把话说得绝对了，就等于把自己的后路给堵死了，双方的关系也弄僵了。

背后的赞美比当面的恭维更动听

赞美的奥妙和魅力是无穷的。但最有效的还是在背后赞美他人。如果有人告诉你：某某人在你背后说了许多关于你的好话，你会不高兴吗？这种赞语，如果当着你的面说给你听，或许反而会使你感到虚假，或者疑心他不是诚心的，为什么间接听来的便觉得悦耳呢？因为在背后说别人的好话，会被人认为是发自内心、不带私人的动机。所以，背后颂扬别人的优点，比当面恭维更为有效。

某公司的职员李峰和林凯素有不合。林凯常常在背后骂李峰是该死的傻瓜，愚不可及，甚至称他是“没有头脑的动物”。

当有人将这些出言不逊的话告诉李峰时，李峰非但没有生气，反而心平气和地说道：“如果他对我的评价是个该死的傻瓜，那么，很可能我就是像他说的那样。我深知他的为人，他办起事来总是非常认真，而且他说过的话，也十有八九是正确的。”

李峰这番以德报怨的话，很快就传到了林凯的耳朵里。他深受感动，非常诚恳地向李峰表达了自己的歉意。在那以后，李峰和林凯的关系逐渐变得亲密无间。

当听到林凯谩骂和诋毁的传言时，李峰没有当面指责对方，而是通过对其办事能力的肯定表明自己的信任，巧妙地化解了对方的敌意，同时促使对方认识到自己的错误。从这里，我们可以看出李峰可谓深谙说话之道。赞美他人，当面说好话固然能起到作用，但背后赞美的效果更明显。通常，当面说好话，别人会以为你是在奉承他、讨好他。而当你的好话在背后说时，别人会认为你是出于真诚的，是真心地说他的好话，如此，别人也会领你的情，并感激你。

有时，赞美并不需要你挖空心思去想各种优美的语句、华丽的辞藻，也不用你费尽心机找各种场合去讨好别人，背后“不经意中”把赞美的语言送了出去，反而效果出奇得好。比如，你当着领导和同事的面赞美领导，你的同事一定会认为你在讨好领导，从而引起周围同事的反感。而假如你在领导不在场的时候，说一些赞美领导的话，这不仅不会让同事觉得你是在讨好领导，而且你的赞美，很快就能传到领导的耳朵里。

有一次，小王与同事们闲谈时，无意中说了上司几句好话：“咱们经理这人真不错，处事比较公正，对我的帮助很大，能够为这样的人做事，真是一种幸运。”

这几句话很快就传到了经理的耳朵里，经理心里不由得有些欣慰。

而小王的地位也在经理心里上升了。就连那些“传播者”在传达时，也忍不住对小王夸赞一番：“这个人实在，挺不错的，难得！”

事实证明，在背后称赞别人的优点能起到事半功倍的作用。据国外心理学家调查，背后赞美的作用绝不比当面赞扬差。此外，若直接赞美的力度不足会使对方感到不满足、不过瘾，甚至不服气，过了头又会变成恭维，而用背后赞美的方法则可以缓和这些矛盾。因此，有时当面赞扬不如通过第三者间接赞扬的效果好。因为那样的赞美更真实，是真正发自内心的，聪明的人总是善用这一技巧。

如果你想让他人增加对你的好感，就学会在背后赞美吧！

幽默感就是分寸感，开玩笑也要讲分寸

在人际交往中，轻松幽默地开个得体的玩笑，可以松弛我们的神经，活跃谈话的气氛，营造出一个适合于交际的轻松愉快的氛围。但幽默如果运用得不恰当或滥用幽默，其收效也会适得其反。

一天中午，几个平时关系不错的同事聚在一起吃饭聊天，一位身材较瘦的男同事喜欢开玩笑，指着其中一个特别胖的女同事说："你这身材可是越来越宽了，凳子都快看不到了，可惜我们中国还没有相扑运动，不然，你准是一号种子选手！"

他的话逗得大家哈哈大笑。这位女同事一直为自己不断发福的身材而苦恼，今天又被人当众取笑，她十分生气，感觉自己的自尊心被严重糟蹋，岂能忍受？她立即翻脸说："我胖怎么了，没吃你没喝你，你操哪门子心！你也不照照镜子瞧瞧自己，瘦得像根火柴棒似的！"

凡事均要讲适度，开玩笑亦如此。在生活中适时适地运用幽默，能使相互之间的关系更加和谐、亲密。如

果滥用幽默，不仅不能达到预期的效果，还会引起别人的不快。

著名诗人纪伯伦曾这样说过：幽默感也就是分寸感。在生活中，如果不能把握幽默的分寸，单单只是为幽默而幽默，必将损害自己在他人心目中庄重、可信的形象。这样就大大减轻了自己在别人心目中的分量，甚至直接影响到两人之间的关系。因此在运用幽默技巧的时候，要讲究一点分寸。

1．注意内容。无论是幽默，还是玩笑，其笑料内容都要积极健康、格调高雅，不仅给对方以启迪和精神的享受，也是对自己美好形象的有力塑造。如果语言不当，不仅使语言环境充满污浊的气味，对他人来说也是一种侮辱，至少也是一种不尊重，同时也说明你水平不高，情趣低俗。另外，值得注意的是，千万不要拿别人的隐私或者道德品质来开玩笑，不要让对方认为，你的快乐是建立在别人的痛苦之上的。

2．注意场合。要想成功地使用幽默，还要注意大环境。毫无疑问，只有当幽默的内容适合当时的场合，才能体现出幽默的价值；反之，一些不合时宜的话则会让人感到别扭甚至反感。一般来说，在发生重要事件的严肃场合，或者在葬礼等带有悲伤气氛的场合上，都不宜讲笑话。

3．注意对象。俗话说：“一样米养百样人。”人的年龄、身份、性格不同，对幽默的承受能力也不同。对自己身边的人或者比较亲近的人，开几句玩笑往往无伤大雅。但如果是在对方年龄或者身份比自己高的情况下，如长辈、上级或者专家等，那么就一定要慎重考虑幽默的话语和方式，否则是极其不礼貌的行为。此外，幽默还要注重性别、性格等差异。如与男性或对性格外向的人开玩笑，分寸也好掌握；而对女性，特别是妙龄少女或性格内向的人，则一定要特别注意，不要引起别人的误会或者反感。

总之，幽默不是恶搞，不是简简单单逗人一乐。在运用幽默技巧的时候，一定要把握分寸，这个度把握好了，相信你一定是个大家都喜欢的人。

不做冷场王，学会“打圆场”

所谓“打圆场”，就是要我们在他人说话陷入僵局或困境时，主动地提供帮助，让其在众人面前顺利说话，摆脱尴尬的境地。

在生活中，出于多种原因会使双方彼此产生矛盾。这时候，如果有人及时地打个“圆场”解个围，这场不愉快或许就会很快结束。否则，双方爱面子，谁也不肯轻易服输，这种僵持就有可能造成彼此之间更深的误会，或者结下“梁子”。

清末的陈树屏口才极佳，善于调解纷争。他在江夏当知县时，张之洞在湖北担任总督，谭继洵担任巡抚。张、谭两人素来不和。

一天，陈树屏在家设宴招待张之洞、谭继洵等人。聊天过程中，当谈到长江江面宽窄时，谭继洵说江面宽是五里三分，张之洞却说江面宽是七里三分。双方争得面红耳赤，本来轻松的聊天一下子变得尴尬起来。

陈树屏看到这样的情景，知道两位上司都在借题发挥，故意争吵。为了缓和气氛，又不能得罪两位上司，他说：“其实两位大人说得都对。江面在水涨时宽到七里三分，而落潮时便是五里三分。张督抚是指涨潮而言，而谭抚军是指落潮而言的。”

陈树屏巧妙地将江宽分解为两种情况，一宽一窄，让张、谭两人的观点都在各自情况下显得正确。他们两人听了如此高明的圆场话，也不好意思再争论下去了。

在人际交往中，要想获得好人缘，就必须学会打圆场，采取息事宁人的态度来处理事情，这样你就可以在复杂的人际关系当中获得别人的支特和感谢。

“打圆场”是懂人情通世故的体现，这是因为，打圆场就是为自己赚“人情”，不失时机地为别人扶危解困，可以为自己赢得更多的友谊。

在社交活动中，能适时地帮别人“打圆场”，可以博得他人的好感，也有利于挽救气氛，但在帮人“打圆场”的时候，也有特别需要注意的地方。“打圆场”要公平，不偏不倚，让双方都觉得你没有偏向，才能接受你的劝解和解围。要理解双方的心情，针对他们各自的优势都加以肯定，才能让双方都心情愉悦，满足了自我实现的心理。否则，无异于火上浇油，还不如不说。

适时安慰，用温暖暖人心

给予不幸者以安慰，是为人处世的一种美德。患病、亲人故去、事业挫折……当人生的种种不幸降临时往往会对人的心灵造成巨大的创伤。此时，人们不仅需要自我疗伤，更需要朋友给予适时的安慰。俗话说“良言一句三冬暖”，友人的关心与体贴，犹如雪中送炭，会使当事者的痛苦得到一定的缓解。面对别人的痛苦，送去真诚的安慰，是做人的一种美德。

王涛的一个朋友因患病住院半年多了，整天愁眉苦脸，总认为自己的病没有好转的可能，因而产生了悲观情绪，丧失了信心。王涛趁着休假时，从外地赶到这位朋友住的医院探视他。一见面他就做出一副欣喜状，对这位朋友说：“哥们儿，你的脸色看起来好多了嘛！听医生说，你的身体逐渐在康复，病情在好转啊！”

王涛的话客观实在，使朋友的精神为之振作。于是，他乐观地接受治疗，加速了康复进程，不久便病愈出院了。

人在遇到各种变故的时候，总会不由自主地心烦意乱，甚至悲观郁闷，有些人更会因此而萌生悲观厌世的想法，做出一些偏激的行为。这时，你如果能及时送上真诚的安慰，给予适当的鼓励，不仅有助于唤起对方的自我意识，使其鼓起希望的风帆，积极地生活，还会使彼此的感情融洽。

俗话说：“你也许会忘记与你一起笑过的人，但不会忘记与你一起哭过的人。”当对方遭遇工作上的困难和生活上的困难时，你若能敏感地发现，并及时给予热情地关心，想方设法排忧解难，使他脱离困境，对方对你自然会充满感激。

小张是某保险公司的职员，有一次，他非常沮丧而紧张地对部门主管说：“主管……非常抱歉……我……”部门主管看着他紧张而苍白的表情，知道发生了不愉快的事，但是主管并没有急着问他到底发生了什么事，而是给他倒杯热水，让他慢慢说来。但是小张心里着急，非要先讲出来才放心，但他又紧张得不行，想说又不敢说，最后磕磕巴巴地告诉主管说，自己把价值几十万的客户订单弄丢了。主管一听生出一肚子火，心里责怪道，怎么能这么马虎呢？但他并没有冲着小张发脾气，而是心平气和地安慰小张说：“事情已经发生了，大可不必这样紧张，重要的是怎样减少损失。”事后，这位部门主管费了很大周折才在总经理面前平息了这场风波。事后，小张非常感激部门主管的真诚帮助，以后更加卖力地工作，不但把损失追了回来，而且还成为公司的业务标兵。

当一个人遇到困难时，他时常处于孤立无援的境地，具有灰心丧气、郁闷烦躁、凄凉痛苦等失意情绪，其心理落差很大，对人情冷暖有了深刻的体验。此时，你不能袖手旁观，而应该及时地去安慰他，给予适当的鼓励，使其振作起来、渡过难关。这样，不仅可以赢得对方的信任与感激，而且可以密切相互之间的关系，创造一个融洽的氛围。

在日常生活中，我们常常得到别人的安慰，反过来，我们也要懂得怎样去安慰他人。安慰他人是自己应尽的义务，也是一种获取人心的最好方法。

第二章

以礼相待，赢得一世好人缘

无论和什么人打交道，都要礼貌待人

礼貌是人们之间在频繁的交往中彼此表示尊重与友好的行为规范，是人类交际中言语和举止谦恭、得体的表现。它就像一块敲门砖不停为你敲开友好之门，让你在人际交往中如鱼得水。正如德国谚语中说的那样，有礼貌的人，能走遍天下。

我国历来有“礼仪之邦”的美誉，礼貌待人是中华民族的传统美德，已经深刻地影响到人们的日常生活和工作，尤其在当今社会，当你具备了很好的礼貌习惯，掌握了相应的礼貌知识后，你做事就很顺利，就能享受到生活的快乐和成功的喜悦；如果你没有很好的礼貌习惯，你就会被别人视为缺乏修养而排斥，甚至惹出不愉快的事情来，自己也得不到丝毫的好处。

一批应届大学毕业生到某单位参观实习，有一位服务人员给他们倒水时，这些学生一个个表情木然，其中一个还问：“有冰块吗？天太热了。”只有轮到一个叫潘杰的学生时，他轻声地对服务人员说：“谢谢您，辛苦了！”

过了一会儿，单位领导来看望大家，并亲自送给这些学生们单位印的纪念册，他们一个个很随意地用一只手接过对方双手递过来的纪念册，弄得领导很尴尬，脸色越来越难看。当轮到潘杰时，他礼貌地站起来，身体微微前倾，双手拿住纪念册，还恭敬地说了一声："谢谢您！"

后来，潘杰被该单位录取了，而且是领导点名要的，连潘杰自己都觉得偶然，因为他的成绩和能力并不是最好的一个。但是，偶然背后有必然。这个必然恰恰是他不经意表现出来的礼貌素养。

礼貌是通过语言或行动表现出来的对他人的尊敬，反映了这个人的道德品质和文化教养，是内在美的表现，有的人相貌并不美，但很讨人喜欢，重要原因之一就是他的态度文雅热情，说话文明和气，举止端庄大方，使人愿意亲近他。

歌德说："一个人的礼貌是一面照出肖像的镜子。"一个人是否礼貌，绝不只是无足轻重的小事，它表明一个人是否具有道德修养。"有'礼'走遍天下，无'礼'寸步难行。"从这个意义上讲，没有礼貌的人是举步维艰的。

日常生活中，最常用的礼貌用语，有"您""请""谢谢""对不起""你好"等，对父母、老师和其他年长者要称呼“您”；请求别人帮助时，要用商量的口吻说“请”；当得到别人的帮助时，要说“谢谢”；当别人感谢时，要说“别客气”；当妨碍了别人或给别人带来麻烦时，要说“对不起”“麻烦您了”“请原谅”；当别人赔礼道歉时，要回答“没关系”或“不要紧”。

除上述以外，文明礼貌用语还有很多很多，如：“您好”“劳驾”“有劳”“再见”“欢迎光临”，等等。只要我们适时使用，我们将得到丰厚的收获。

“敬人者，人恒敬之”。礼貌是一个人应有的基本修养，在和他人交谈的时候，有礼貌的人都会给人一种好感，受到别人的尊重。所以，在和他人交往的时候，要注意做到自己的一言一行都有礼貌。

给对方一个良好的“第一印象”

在人际交往过程中，我们都希望自己在别人心中留下良好的第一印象，因为良好的第一印象不仅可以取悦别人的眼光，让别人更愿意接近我们，而且便于我们与他人更好地相处，赢得良好的人际关系。反之，如果给别人的第一印象不好，那么很容易影响以后的交往。所以，初次交往一定要给人留下良好的第一印象！

心理学家认为，人们在日常交际中对他人的第一印象主要来自外表、动作、姿态、目光和表情等多方面。一般人通常根据最初印象而将他人加以归类，然后再从这一类别系统中对这个人加以推论与做出判断。人与人之间的相互交往、人际关系的建立，往往是根据第一印象所形成的论断。

两个萍水相逢的陌生人，要想在短时间内消除彼此之间的陌生感、拉近彼此之间的距离，给对方留下良好的第一印象是非常重要的。可以说，有了良好的第一印象，就拥有了一把打开陌生人心扉的钥匙。

某公司的一位老板说："有一天，一个推销人员来拜访我。他穿着一套旧的、皱皱巴巴的浅色西装，羊毛衫，打一条领带。领带飘在羊毛衫的外面，有些脏，好像有油污。黑色皮鞋，没有擦，看得见灰尘。在他向我推销的大部分时间里，我脑中一片空白，也听不清他在说什么，只隐约看见他的嘴巴在动，还不停地放些资料在他面前。他还告诉我他手中有很多订单，他有许多客户，他们也购买了大量的这种产品。但他的个人外表致命地显示他说的话不是真的。我最后没有购买，因为我对他的陈述没有信心。"

在人际交往中，一个人的第一印象往往会给对方留下很深的烙印，如果你在第一次交往中给别人留下了一个好印象，别人就乐于跟你进行第二次交往；相反，如果你在第一次交际中表现不佳或很差，往往很难挽回。所以，务必注意你第一次跟人打交道时的“第一印象”。

有一句谚语是这样说的：第一印象永远不可能有第二次机会。可见，良好的第一印象是交往成功、和谐人际关系的良好开端。第一次与人沟通是后续成功发展的关键。人们对你形成的某种第一印象，通常难以改变。而且，人们还会寻找更多的理由去支持这种印象。因此，初次见面就给人留下不好的印象的人，通常是不讨人喜欢的人，而第一次交往就给人留下美好印象的人，更容易受人欢迎。

李嘉诚在当推销员的时候，很注意包装和推销自己。经过长期的推销实践，李嘉诚发现一个优秀的推销员必须善于包装自己。他认为产品需要包装，而推销员就更应该包装。而推销员的包装，服装是其一，还包括言谈举止、行为修养。

于是，李嘉诚开始全方位包装自己。虽然当时的李嘉诚收入有限，但他还是十分重视自己的仪表修饰。他穿的西服既不新又非名牌，但相当整洁。他对自己的行为有一个简单而又包罗万象的衡量标准，就是给任何人都能留下好感。

李嘉诚在推销的过程中，给客户的第一印象就是谦和、稳重、诚恳、和气、值得信任，这也是他成功的法宝之一。

第一印象是人与人之间展开良好沟通的通行证。卡耐基说过：“良好的第一印象是登堂入室的门票。”不可否认，给他人第一印象的好坏直接影响着你在他人心目中受欢迎的程度。美国心理学家亚瑟所做有关第一印象的研究中指出，人们在会面之初所获得的对他人的印象，往往与以后所得到的印象相一致。那么，怎样才能给人良好的第一印象呢？从根本上说，它离不开提高自己的文明程度和修养水平，离不开进行经常的心理锻炼。心理学家提出下面几条建议：

1. 注意仪表：大家都了解第一印象的重要性，而研究发现，50%以上的第一印象是由你的外表造成的。因为第一次见面，别人是没办法去了解你的内在美的，而你体现在着装上的个性让别人看得明白。如果你穿着得体，那就会给别人留下一个好的印象。注意自己的穿着，不一定要穿最流行、最时髦的衣服，只要穿着整洁，适合你的性格和体型的就可以了。

2．注意谈吐：一个人的谈吐可以充分体现其魅力、才气及修养。一个人有没有才气最容易从讲话中表现出来。在社交谈吐时，要注意环境气氛，决不要喧宾夺主，自说自话。风趣、幽默的言谈会给人以听觉的享受和心灵的美感。

3．注意举止：行为动作是一个人内在气质、修养的表现。男子的举止要讲究潇洒，刚强。女子的举止要注意优美，含蓄。在一般情况下，大方、随和乐观、热情的人总受人欢迎；炫耀、粗鲁或过于拘束的人则让人生厌。

学会微笑，给自己树立一个阳光形象

19 世纪美国著名的盲聋女作家、教育家海伦·凯勒曾说过这样一句话：“我不美丽，也不健康，但我可以给别人带来快乐，因为我在微笑。”没错，微笑是可以跨越一切的“神奇语言”，是与人相处时最好的表达方式。

每个人都愿意面对一张微笑的脸，看到别人的微笑，我们会觉得别人对自己很友善、和蔼可亲、彬彬有礼。

拿破仑·希尔这样总结微笑的力量："真诚的微笑，其效用如同神奇的按钮，能立即接通他人友善的感情。因为它在告诉对方，'我喜欢你，我愿意做你的朋友'；同时也在说，'我认为你也会喜欢我的'。"一个会微笑的人，无论走到哪里都是受欢迎的。

微笑是世界上最美丽的表情，是世界上最动听的语言。没有什么东西能比一个微笑更能打动人的了。不管是与陌生人，还是熟悉的人，相互微笑是一种礼貌的行为，将微笑常挂脸上，能够给人亲切的感觉，并使人产生愉快的情绪，是彼此重视和尊重的表现。正如心理学家博纳罗·奥佛斯特里特所说："我们朝人家微笑，人家也会以微笑做回报。一方面他是在向我们微笑，另一方面从较深的意义上来说，他回报微笑是我们在他内心激起的幸福快乐情感的流露，我们的微笑使他感到了自己的价值，也就是说，我们重视他、尊重他。"

约瑟夫是一家公司的职员。一天，他去拜访一位客户，结果不尽人意，他们没有达成协议。约瑟夫很苦恼，把事情的经过告诉了经理。经理耐心地听完了约瑟夫的讲述，沉默了一会儿说："明天，你不妨再去一次，但要调整好自己的心态，要时刻记住运用微笑，用你的微笑打动对方，这样他就能看出你的诚意。”

第二天，约瑟夫试着去做了，他把自己表现得很快乐、很真诚，微笑一直洋溢在他的脸上。结果对方也被约瑟夫感染了，他们愉快地签订了协议。

约瑟夫结婚已经 12 年了，忙碌的生活让他顾不上自己心爱的妻子，他也很少对妻子微笑。约瑟夫决定试一试，看看微笑会给他们的婚姻带来什么不同。

次日早上，约瑟夫梳头照镜子时，就对着镜子微笑起来，他脸上的愁容一扫而空。当他坐下来开始吃早餐的时候，他微笑着跟妻子打招呼。她惊愕不已，非常兴奋。在这两周的时间里，约瑟夫感受到的幸福比过去两年还要多。

现在，约瑟夫上班时，就对大楼门口的电梯管理员微笑；他微笑着跟大楼门口的警卫打招呼；站在交易所时，他对工作人员微笑。约瑟夫很快就发现别人同时也对他微笑。一段时间之后，他发现微笑真的改变了他的生活，他收获了更多的快乐和友谊。

微笑是人与人之间良好沟通的重要前提，它是人们相互沟通、相互理解、建立感情的重要手段。英国诗人雪莱说：“微笑，实在是仁爱的象征、快乐的源泉、亲近别人的媒介，有了微笑，人类的感情就沟通了。”的确如此，微笑如同一座美丽的木桥，架在彼此心灵的溪流上，因为灿烂的微笑，人与人之间的沟通不再有距离。

微笑是人际交往中的润滑剂。简单的一个笑容，不仅可以体现你的魅力，还能拉近你与周围人的关系。当你向别人微笑时，实际上就是以巧妙、含蓄的方式告诉他，你喜欢他，你尊重他，他是一个受欢迎的人。这样你在给予别人温暖与鼓励的同时，别人也会觉得你是一个有教养的人，进而博得别人的尊重与喜爱。生活中你可以看到，凡是懂得人情世故、善于处世的人都是笑口常开的人。

微笑是最能打动人的。如果你是个不善言辞的人，那么请亮出你的微笑，这就是最动听的语言。

学会表达自己心意的艺术

“礼多人不怪”，这是古老的中国格言，它在今天仍有十分实用的效果。《礼记·曲礼上》说：“礼尚往来，往而不来，非礼也，来而不往，亦非礼也。”这正是中国人对礼的认识的真实写照。小小的一个“礼”字，在生活中常常起着润物细无声的作用。

送礼是人类社会生活中不可缺少的交际内容。著名的西班牙礼仪专家伊丽莎白说过：“礼品是人际交往的通行证。”人的感情具有物化性，有时候，仅用话语来表达你对朋友的关心和友谊不太实际。即仅凭两张嘴是无法建立友好关系的，还要有点物质上的交流。这就需要你运用一些小礼品来沟通与他人的关系。

王亮是某家具厂的老板，有一次他和一位客户谈生意，谈了几次都没谈成，最后却因为一件礼品打动了客户，使客户同他签了几十万元的订单。什么礼品这么有威力？是两套西服！

原来，王亮和客户谈生意时发现客户身高两米多，马上想到如此身高的人，裤子肯定难买。于是，王亮在当地服装厂定做了两套西服送给客户。客户接过西服时很感动。对几十万元的生意来说，两套西服并不贵重，但表达了对客户真诚的关心，这就是好礼品！

送礼能缩短人与人之间的感情距离，便于人们的沟通交流，达成共识。礼多情就多，这是人们送礼总结出来的经验。如果你要想和别人搞好关系，就必须懂点人情世故，在“礼”上费些心思。

有“礼”好办事，这是一个很普遍的现象。其实很多时候，对方在乎的并不是送去的财物，而是一种得到尊重和重视的感觉。因此，可以说，“送礼”是一门艺术。“礼”不在多，关键要能够抓住对方的心。

中国是一个重人情的社会，沟通就成了办事的必要环节，要想有个良好的沟通就应该有所行动，而送礼就是这种行动的最佳表现之一。

送礼作为表达自己的感情、加深与别人间的沟通和交流的一种方式，是感情和意义上的互通交融，至于礼物轻重、何种形式都不重要，关键是能表达自己心意。不管你送礼的目的是什么，总是要送一些对方喜欢的东西。如果不知道对方的喜好和习性，就要想办法去寻找机会去了解，以便做到送出的礼物是对方真正所需求的，只有这样才能把礼物送到对方的心里，以此引起对方重视。

会说“谢谢”的人最得人心

在人际交往中，最容易建立起亲近感觉的方法就是礼貌。然而，“谢谢”这个词恰恰展现出文明和礼仪，让人欣喜，让人心仪，让人感动。对于他人的给予和帮助，我们送上一个笑容和一句真诚的发自内心的“谢谢”。这不仅是感谢别人的方式，更是促进人与人之间和谐的礼仪。

一个衣衫褴褛的流浪汉爬到汽车底下，帮一个身穿名牌西服的绅士拧紧了螺丝，爬出来后用期待的眼神看着那位绅士。绅士给他5块钱，他不要。绅士又加了5块，他还是摇头。绅士有些生气了：“你嫌少？再嫌少这10块钱也不给你了。”

“不，我没有嫌少，我父母从小就告诉我，帮助别人是不需要报酬的！”

绅士奇怪了：“那你怎么还不走？”

流浪汉说：“我在等你说谢谢。”

在接受别人帮助时，道一声感谢，是对别人文明之举的一种肯定，同时也体现了一个人的教养。一句“谢谢”，是对别人多付出劳动的一种肯定，是对别人所付出劳动的一种鼓励，更是对别人所付出劳动的一种最起码的尊重。仅仅是一声“谢谢”，虽然只是一个简简单单的词语，就足以让内心充满暖意，足以代表你的真诚。学会说“谢谢”，善于表达感激，能帮你打造黄金形象、提升你的个人魅力，创造良好的人际关系。

在社会交往中，任何人都会遇到困难、麻烦，面对这些超出自己能力而我们又必须去解决的事情，通常我们会求得他人的帮助。在得到别人的帮忙之后应该即时真诚地感谢对方，这样既流露了自己接受对方给予帮助的不安，也是对别人给予帮助的一种心理安慰和补偿，更是双方关系进一步深化的基础。

在一个闹饥荒的城市，一个心地善良的面包师把城里最穷的几十个孩子聚集到一块儿，然后拿出一个盛有面包的篮子，对他们说："这个篮子里的面包你们一人一个。在上帝带来好光景以前，你们每天都可以来拿一个面包。"

瞬间，这些饥饿的孩子涌到面包师身边，推来挤去争抢面包。当他们每人都拿到了面包后，竟然没有一个人向这位好心的面包师说声谢谢就走了。唯独一个叫依娃的小女孩没有同大家一起吵闹，也没有与其他人争抢。她只是谦让地站在一步以外，等别的孩子都拿到以后，才把剩在篮子里的一个面包拿起来，并向面包师表示了感谢，之后才向家走去。

第二天，面包师又把盛面包的篮子放到了孩子们的面前，其他孩子依旧如昨日一样疯抢着，而那个叫依娃的女孩依然是最后一个拿到面包，并向面包师道谢。当她回家以后，妈妈切开面包，许多崭新的银币掉了出来。

妈妈惊奇地叫道："立即把钱送回去，一定是面包师揉面的时候不小心揉进去的。孩子，赶快去！"当依娃拿着钱回到面包师那里，并把妈妈的话告诉面包师的时候，面包师慈爱地说："不，我的孩子，这没有错。是我把银币放进面包里的，我要奖励你。愿你永远保持现在这样一颗感恩的心。回家去吧，告诉你妈妈这些钱是你的了。"她激动地跑回了家，告诉了妈妈这个令人兴奋的消息，这是她的感恩之心得到的回报。

对帮助我们的人一定要表示谢意，只有懂得适时表达感谢之意的人，才能受人欢迎，让别人乐意给予你帮助。

真诚的"谢谢"仅有两个字，却体现了人际关系的融洽与默契，这种魅力即使是长篇大论都无法替代。"谢谢"这个词不是一个单纯的礼貌用语，而是沟通人们心灵的桥梁，倘若能够恰当运用，它将会产生不可估量的作用。

"谢谢"是一种礼貌、一种习惯。学会说声"谢谢"，其实不难，不要觉得难为情，不要觉得谢谢起不了什么作用。学会说谢谢，将会成为你人生道路上的"润滑剂"，将会减少人际摩擦，滋润人际关系，有助于成就事业。所以，对于不管什么人给予自己的哪怕是再微不足道的帮助和关怀，也不要忘记说声"谢谢"。

为人越谦虚，越受人尊重

自古以来，谦虚是一种美德。在人际交往中，如果能适当地表现出谦逊有礼的姿态，无疑会受到别人的尊敬。

谦虚是一种美德，也是为人处世的一种方式。一位哈佛毕业十几年的父亲建议自己的儿子：尤其要注意自己在公众场合的言行，注意保持谦逊和沉默。他说："永远不要显得比你周围人更聪明，更有学识。将你的学识像手表一样，小心放进自己的衣袋里。不要轻易拿出来炫耀，而只是让人知道你也拥有它。"谦恭不是一种表面姿态，而是一个人内在品德和修养的高度表现。有一颗谦恭的心，人就不因学问博雅而骄傲自大，也不因地位显赫而处优独尊。

爱因斯坦是20世纪世界上最伟大的科学家之一，同时也是一个十分谦虚的人。曾有人问爱因斯坦，说："您老可谓是物理学界的空前绝后了，何必还要孜孜不倦地学习呢？何不舒舒服服地休息呢？"爱因斯坦并没有立即回答他这个问题，而是找来一支笔、一张纸，在纸上画上一个大圆和一个小圆，对那个人说："在目前情况下，在物理学这个领域里可能是我比你懂得略多一些。正如你所知的是这个小圆，我所知的是这个大圆，然而整个物理学知识是无边无际的。对于小圆，它的周长小，即与未知领域的接触面小，它感受到自己未知的少；而大圆与外界接触的这一周长，所以更感到自己未知的东西多，会更加努力地去探索。"

有一次，爱因斯坦9岁的儿子问他："爸爸，您为什么那样有名呢？"爱因斯坦听了哈哈大笑，他对儿子说："你看，甲虫在球面上爬行的时候，它并不知道它走的路是弯曲的。我呢，正相反，有幸觉察到了这一点。"

爱因斯坦就是这样一个谦虚的人，名声越大，他就越谦虚。

曾国藩说："君子过人之处只是谦虚罢了。"谦虚是通往成功和赢得人们尊重的最重要的品质之一。谦虚的人常常给人留下有礼貌、有素养、有深度的印象。面对陌生人时，飞扬跋扈只会让人退避三舍。而谦逊得体、不卑不亢的言谈举止能够充分体现自己的涵养和平易近人的性格，为对方带来亲切随和的感受，消除其胆怯、羞涩的心理；此外还能给其以较大的自由度和自信心，鼓励其大胆积极地将交谈展开、深入。

在人际交往中，谦虚的人总是处处受欢迎，而那些大肆张扬、傲慢无礼的人通常是遭人反感厌恶的。英国伯爵柴斯特·菲尔德说：“如果你想受到赞美，就用谦逊去做诱饵吧。”谦虚不仅是人们应该具备的美德，从某种意义上说，谦虚也是获得良好人际的力量。谦虚的人之所以受欢迎，是因为他们能够把自己放在一个更低的位置。如果我们每个人都能拥有谦虚的心态，那么我们自然就会有好人缘，而且在前进的路上，会避开许多因为言语不当而造成的阻碍。

在奥斯卡领奖台上，著名影星英格丽·褒曼在连获两届最佳女主角奖后，又因在《东方快车谋杀案》中的精湛演技，获最佳女配角奖。然而，与她角逐此奖的弗伦汀娜·克蒂斯也对这个奖项充满了期待，名单揭晓后她难以掩饰内心的落寞。

在接过奖杯发表获奖感言时，英格丽·褒曼却说：“其实，我觉得弗伦汀娜·克蒂斯一直表现得比我更优秀，她也是我最喜爱的演员之一，真正的获奖者应是她。”紧接着，她把目光转向弗伦汀娜·克蒂斯，真诚地说：“原谅我，弗伦汀娜·克蒂斯。”

英格丽·褒曼这一句低调而谦逊的话语，马上消除了对方的心理隔阂。泪水瞬时从弗伦汀娜的脸上滚落，她们紧紧地拥抱在一起。

为了维护良好的人际关系，我们在说话的时候要考虑别人的感觉，不要调子太高，让对方感觉相形见绌，而要让对方在交谈时也会有优越的感觉。所谓“自谦则人必服，自夸则人必疑”，才识、学问愈高的人，说话反而愈谦卑，希望自己能精益求精，更上一层楼。相反，那些妄自尊大、过分自负的人总是喜欢炫耀自己的才能，引起别人的反感，最终在交往中使自己走到孤立无援的地步，别人都敬而远之，甚至厌而远之。

总之，人们都喜欢态度谦虚和善的人，讨厌态度傲慢、似乎高人一头的人。如果想得到别人喜欢，态度谦虚必不可少。

真诚握手，传递手心里的温柔

握手是人们日常交际的基本礼节，不仅常用在人们见面和告辞时，更可作为一种祝贺、感谢或相互鼓励的表示。尽管对绝大多数人而言，握手只是两个人之间双手相握的一个简单动作，但却是沟通、交流、增进人际交往的重要手段。美国著名盲聋作家海伦·凯勒写道：“我接触的手，虽然无言，却极有表现力。有的人握手能拒人千里之外，我握着他们冷冰冰的指尖，就像和凛冽的北风握手一样。也有些人的手充满阳光，他们握住你的手，使你感到温暖。”这从侧面证明恰到好处的握手可以向对方表现自己的真诚与自信，也是吸引人脉和赢得信任的契机。一个积极的、有力度的、正确的握手，表达了你友好的态度和可信度，也表现了你对别人的重视和尊重。一个无力的、漫不经心的、错误的握手，立刻传送出不利于你的信息，让你无法用语言来弥补，会给对方留下对你非常不利的第一印象。

王芳第一次去面试的时候很紧张，紧张得手直冒汗。当她敲开面试房间的门时，主考官很热情地站起来，伸出手来，而王芳却傻了，忘了伸出自己的手，弄得气氛很尴尬。当然，她没有被录取。但她永远记住这一次“握手”。

事实上，握手只有几秒钟的时间，但这短短的几秒钟是如此的关键，立刻决定了别人对你的喜欢程度。通过握手时的举止行为，在一个侧面可以断定许多问题：双方关系远近、情感厚薄、个人文化修养、地位和工作精神，乃至于为人处世的方式与品性等。握手的方式向别人传递了你的态度是热情还是冷淡、积极还是消极，是尊重他、诚恳相待，还是居高临下、敷衍了事。热情、文雅而得体的握手能让人感受到愉悦、信任和接受，促进彼此间的交流和了解。所以，我们要学会与人握手的技巧。

1．握手的方法

握手时，距离受礼者约一步，上身稍向前倾，两足立正，伸出右手，四指并拢，拇指张开，向受礼者握手。掌心向下握住对方的手，显示着一个人强烈的支配欲，无声地告诉别人，他此时处于高人一等的地位，应尽量避免这种傲慢无礼的握手方式。相反，掌心向里同他人的握手方式显示出谦卑与毕恭毕敬，如果伸出双手去捧接，则更是谦恭备至了。平等而自然的握手姿态是两手的手掌都处于垂直状态，这是一种最普通也最稳妥的握手方式。

2．握手的禁忌

一般来说，握手时应伸出右手，不能伸出左手与人相握，有些国家习俗认为人的左手仅用于去洗手间或为自己洗浴，只有右手才适合与人握手。

戴着手套握手是失礼行为。男士在握手前先脱下手套，摘下帽子，女士可以例外。当然在严寒的室外有时可以不脱，比如双方都戴着手套、帽子，这时一般也应先说声："对不起。"握手者双目注视对方，微笑，问候，致意，不要看第三者或显得心不在焉。

握手的时候，眼睛一定要注视对方的眼睛，传达出你的诚意和自信，千万不要一边握手一边东张西望，这样别人从你眼神里体味到的只能是轻视或慌乱。

握手的时间以 1 ~ 3 秒为宜，不可一直握住别人的手不放。

握手的力度要掌握好，握得太轻了，对方会觉得你在敷衍他；太重了，对方不但没感到你的热情，反而会将对方弄疼。

在任何情况下，拒绝对方主动要求握手的举动都是无礼的。

综上所述，握手虽然是一件小事，却能在细节中体现个人修养，看出一个人的性格。没有一个社交高手会忽视握手这个以小见大的沟通举动，我们要时刻注意握手的礼节，这是令你讨人喜欢的策略之一。

真诚的道歉是可贵的美德

每个人都难免犯错误，与人交往更是难免。如果你的言行出现了错误，给他人带来了精神上的巨大痛苦和经济上的巨大损失，你就应及时地向对方承认错误，真心道歉，以求得对方的谅解和宽恕。社会心理学认为，固执己见，从不认错道歉的人，很难在社会交往中受到尊重，更不会有真心的朋友，甚至有时还会受到道德舆论上的谴责和人格、形象上的损害。所以，一个人做错了事情，最好的办法就是向对方真心地道歉，而不是去为自己辩护和开脱。

但在现实生活中，却有一些人不愿放下面子主动去道歉，有可能是受了传统观念的影响，也可能是对道歉的理解存在误区，而最主要的原因，可能是不少人没有建立起向别人道歉的习惯。

在一个食堂档口，人们正有序地排着队买饭，这时候，有一个男的脚底打滑没站稳，不小心后退踩了身后一个人的脚。他回头看了一眼，转回头继续排队。这个男的没有道歉。这可把他身后的人惹火了，大声骂了起来："有没有素质呀你，踩到人了不会道歉啊？"

结果这个男的也急了，用胳膊肘狠狠地捅了一下身后的那个人。于是，两个人扭打成一团。

在人多的地方磕碰一下是难免的事情，甚至可以说是芝麻小事，两人互相致歉一下就过去了，很多人就是因为不肯先松口，才将事态扩大化，给自己和他人造成不良的影响。可见，很多大的矛盾其实都是由鸡毛蒜皮的小事累积、升级而来的，如果平日能够在自己做错的时候多说几句"对不起"，那么就能将小的矛盾及时化解，而不至于越积越深，最后酿成大祸。所以，当做错事情的时候，一定要学会道歉。如果我们每个人都能做到犯错后及时承认并道歉，不必要的矛盾、纠纷就会大大减少，整个社会的人际关系也会和谐很多。

学会道歉是一种礼貌，也是一个重要的社会技能。生活中，做错了事就要道歉，这是理所应当的事情，任何人都不例外。美国公关专家苏珊亚各贝曾说："学会道歉是一个重要的社会技能，真诚的道歉将会使人们感受到人与人之间最美好的情感。"

战国时期，赵国谋士蔺相如因"完璧归赵"有功而被封为上卿，位列武将廉颇之上，这使战功赫赫的廉颇很不服气，逢人便说："我廉颇攻无不克，战无不胜，立下许多大功。他蔺相如有什么能耐，就靠一张嘴，反而爬到我头上去了。我碰见他，得给他个下不了台！"这话传到了蔺相如的耳朵里，蔺相如就称病不上朝，免得跟廉颇见面，就连在路上遇到廉颇也要绕道而行。蔺相如的食客觉得他如此惧怕廉颇，表现得太懦弱，蔺相如意味深长地说："你们认为是廉将军厉害还是秦王厉害？"大家纷纷说："当然是秦王厉害了。"蔺相如说："秦王那么厉害我尚且不怕，难道我会怕廉将军吗？我之所以避让他，是为国家着想。秦国之所以不敢侵犯我们赵国，是因为有我和廉将军这两个赵王的左右手，如果我们搞内讧，两虎相斗必有一伤，赵国的实力就会削弱，秦国定会乘机攻打我们，后果不堪设想！"

这些话传到廉颇的耳朵里后，廉颇羞愧不已。他脱掉一只袖子，露着肩膀，背了一根荆条，直奔蔺相如家。蔺相如连忙出来迎接廉颇。廉颇双手将荆条举过头顶，对蔺相如说："我为了争一口气，就不顾国家的利益，真不应该。希望先生大人有大度，不跟我计较。现在奉上荆条，请您鞭打我，来教训我！"

蔺相如把荆条扔在地上，用双手扶起廉颇，给他穿好衣服，拉着他的手请他坐下。从此以后，两人重归于好，共同为赵国出力。

从廉颇“负荆请罪”的历史故事可以看出，真正的道歉可以换来对方的谅解，是为了维系自己和他人的关系而做出的明智之举。道歉，并不意味着丢脸，反而，在一定意义上，它意味着勇于改正错误。毕竟“人孰无过，过而能改，善莫大焉”。学会正确地道歉，对一个人来说是很重要的。道歉的好处在于，它可以冰释前嫌，消除他人对自己的恶感，也可以防患于未然，维系良好的人际关系。

总之，道歉并非耻辱，而是一种诚实诚恳和成熟的表现，是一种可贵的美德，它不但会使你获得别人由衷的谅解，还会使你得到别人赞许的目光。

你有多守时，你就有多靠谱

所谓守时，就是遵守时间，履行承诺，答应别人的事情就要在规定的时间范围内完成。守时，不是一件小事，守时不仅是自身素质的一种体现，也是对他人尊重、负责的一种人际关系体现、一种积极的人生态度。如果你对别人的时间不表示尊重，你也不能期望别人会尊重你的时间。一旦你不守时，你就会失去影响力或者道德的力量。

守时，是现代人所必备素质之一，现代生活节奏的加快，更呼唤着人们的时间意识。遗憾的是，不守时的情况也经常在我们的身边发生。通知了几点开会，却总有那么几个人迟到；约会时间已到，有人就是不见踪影；要求什么时间要办完哪件事，到时也总有人不能按时完成……诸如此类事情，屡见不鲜。

王铮有一个坏习惯——迟到。有一次，他因为迟到还丢掉了一个重要客户。客户与他约好了时间，第二天去签合同。可是，他却迟到了半个多小时。

等他到客户办公室时，客户已经走了。他赶紧给客户打电话，甚至还问客户为何不等他，客户生气地说道："我的时间很宝贵，没有那么多时间等你。"

王铮马上道歉说："对不起，路上堵车，又遇到了一起意外的事故，实在赶不及，但是迟到几分钟没什么大不了的，希望您能原谅……"

话还没有说完，客户打断道："你要知道，能否准时赴约是一件极紧要的事情。就这件事来说，你因不能准时已失掉了签下这份大单的机会。我已经决定和其他公司签约了。”

鲁迅先生曾经说过，浪费时间就是图财害命。做事不守时哪怕是错失一两分钟的时间，也会让你功败垂成、一无所得。不要以为约会迟到只是一件稀松平常的事，更不要以为它不足以产生严重的不良后果。事实上，在“守时”被视为美德的社会里，“迟到”是一种令人难以接受的恶习。

德国民间就流传着这么一句话：“准时是帝王的礼貌。”守时是一种美德、一种素质、一种涵养，是对自己承诺的兑现，是对他人的尊重。仅从是否守时，我们就可以判断出一个人是否值得信任和交往。守时没有例外，没有借口，任何时候都应该做到。人际交往中，每次的守时，都会给对方留下良好的印象，从而为自己赢得更多的朋友。不遵守时间的人，在浪费自己和别人宝贵时间的同时，也会失去朋友，有谁愿意和一个不懂得珍惜时间、不懂得尊重他人的人做朋友呢？

美国的罗斯福总统是一个十分守时的人，无论工作多么繁忙，无论约会多么频繁，他依然尽最大可能地做到遵守时间。据说，有一次他约了一些新闻记者到白宫接受采访，可是就在他准备去白宫的路上，他的胃病犯了，司机和秘书随即决定取消这次采访。可是，罗斯福却不同意，他要求司机迅速把自己送到白宫，而秘书则替他到自己的私人医生那里开一些胃药。就这样，罗斯福忍着病痛接受了记者们的采访，当时采访的内容人们已经忘记了，但是所有的记者都深深地记住了罗斯福当时流着汗珠回答问题时的痛苦模样。

守时是尊重别人的时间和尊重自己的时间。尊重别人的时间相当于尊重别人的人格、权利，尊重自己的时间则无疑是珍惜自己的生命。因此，守时的人更容易获得他人的尊重。

守时是现代交际中彼此尊重的一个重要体现，是一个社会人需要遵守的最起码的礼仪之一。守时与否体现了一个人的教养和基本素质，不可小视。生活中，如果你存在不守时的情况，请及时改正。

第三章

先读懂人性，再平衡好人际

互惠原理：给予他人，让他难以拒绝你

“来而不往非礼也”，这是一个人情往来的社会，当别人对你做了很大的付出时，你就会产生回报对方的想法。如果不这么做，内心就会感到不安。这是一种互惠的力量在“作祟”。

人际交往在本质上是一个社会交换的过程，即相互给予彼此所需要的。人们把这种交换叫作人际交往的互惠原则。

20世纪70年代，美国康奈尔大学心理学家丹尼斯·雷根曾做过一个推销实验。首先他把参与者分成两组，然后让助手指导第一组参与者填写调查问卷，完成之后宣布实验结束，“顺便”请参与者帮忙买几张彩票。参与者以为这只是助手的私下行为，他们平均每人会花上25美分买1张彩票。

我们再来看看第二组的情况。助手趁第二组参与者填写问卷的时候出去买了饮料，回来随手分给了参与者每人一罐。完成问卷后，再请参与者帮忙买几张彩票，

结果他们平均每人买了 2 张，甚至有人买了 7 张。

为什么会出现这种情况呢？人的心理其实是很微妙的。人一般有一种心理，就是得到别人的好处或好意后，就想要回报对方。如果不买饮料，参与者购买彩票的数量基本取决于他们对助手的喜爱程度，而在送饮料的情况下，那些对助手印象并不好的人也购买了彩票。这其实就是人们不知不觉地受到了心理学上“互惠原理”的左右。

法国人类学家马塞尔·莫斯曾说：“人有送礼的义务、接受的义务，更有偿还的义务。”互惠原理的确立，是为了推动人们之间互惠关系的发展。这样，首先给人恩惠的人就不必担心自己受到损失，因为偿还的义务决定了别人需要给他以回报。

俗话说：“吃人家的嘴软，拿人家的手短。”著名心理学家罗伯特·西奥迪尼指出：对于别人的付出我们要予以回报，否则就会产生愧疚感。这也正是我们平时所说的“互惠心理”。想要获得什么样的回报，往往不在于别人想要给你什么，而是你曾经给了别人什么。当你实实在在地为别人做了一些事情，给他带去了一些好处，别人就会想方设法地来报答你为其所做的一切。当你在他人需要帮助的时候及时伸出援助之手，为别人解决燃眉之急，事实上，这也在无形中为你铺垫了一条通往成功的道路。

刘世明是一家制衣厂的老板，他以几万元起家，在短短6年内发展成拥有几千万资产的服装制造商。他之所以能在很短的时间内站住脚，靠的就是投桃报李，以心换心。

有一次，刘世明厂里生产的一种连衣裙，在北方某个省份失去了销路，零售商天天打电话要求退货，这可急坏了地区批发商，他连夜赶来找刘世明商量对策。这可是个大问题，如果把货收回来，积压在家里，批发商将受到巨大的经济损失。

刘世明二话没说："你的困难，就是我的困难，不管什么原因造成了这种局面，我都决不会让你受损失，你把这批连衣裙统统收回，送到我这里调换成别的式样的裙子。"这个地区经销商感动地说："但也不能让你一个人吃亏呀。"刘世明说："产销一家嘛，你的困难，就是我的困难。不管什么原因造成的这种局面，我决不会让你受损失，这事理应由我来处理。"这件事传出去以后，全国各地的批发商对刘世明更加敬重了。刘世明帮助人的事举不胜举。批发商、零售商对刘世明为人着想的做法，都很感动。

有一年，刘世明的服装厂遭受了火灾，设备、材料、产品被烧得一干二净，辛苦数年积攒的家底都在火灾中化为乌有。在他万念俱灰的时候，他的销售网络中几个较大的批发商登门拜访，鼓励他“重振旗鼓”。可是，刘世明还债的钱都没有，哪还有资金兴建工厂。一位批发商爽快地说：“你放心，只要你肯继续干下去，钱的事包在我们身上了。”另一位说：“过去，我们困难的时候，你帮助了我们，现在我们也决不能昧良心，袖手旁观。”5天后，那几位批发商召开了来自全国各地几百位批发商的集资大会，仅仅两个多小时，就凑齐了刘世明重建厂子所需的资金，一星期后，刘世明就恢复了工厂的生产。

人非草木，孰能无情，刘世明在别人困难的时候舍己为人，伸出援助之手，当他遭受灭顶之灾时，他得到了回报。

这个故事告诉我们，互惠互利实际上是符合人情世故的交际原则。也就是说，当你想得到他人帮助时，之前不妨先向他人提供帮助，这等于在人际关系的银行中，提前存下了丰厚的资金，当你有一天需要时，就可以随时支取，甚至透支使用。

“赠人玫瑰，手有余香”，人与人之间需要互相帮助，这是人人皆知的道理。如果能够帮助别人，那么在自己有了困难的时候，也就能得到他人的帮助，就算没有实际的帮助，自己也不会遭受更大的伤害。

互惠原理在人类社会中受到了普遍的认同，是放之四海而皆准的。一般来说，无论在任何情况下，只要对方接受了你的某种礼物或帮助，对方就等于“欠了一个人情”，而这笔“人情债”一天“不还”，对方的心里就会有一种无形的“道德压力”，直到有一天偿还为止，才感受到了一种“解脱”。互惠是一种普遍的心理影响力，善于应用这样的心理效应，就会有效地影响他人。

读懂对方眼神里的“百样心事”

德国著名心理学家梅赛因认为：眼睛是了解他人内心最好的工具。眼睛是最容易泄密的。人要传出的信息，有一部分是通过眼睛传出，尤其是情感方面的内容。人的精神气质、喜怒哀乐，很大程度上是由眼睛所显示出来的。俗话说，炯炯有神、眉目传情、暗送秋波以及眼睛是心灵的窗户，都是这个意思。因此，我们可以通过眼睛来窥视对方的心理状态。

泰戈尔说得好：任何人“一旦学会了眼睛的语言，表情的变化将是无穷无尽的”。一个人的内心活动，经常会反映到他的眼睛里，心之所想，透过眼睛就能看出其中的大概，这是每个人都很难隐瞒的事实。

清代的曾国藩是个看人的高手。一次，李鸿章向曾国藩推荐三个人，恰好曾国藩散步去了，李鸿章示意三人在厅外等候。曾国藩散步回来，李鸿章说明来意，并请曾国藩考察那三个人。

曾国藩讲：“不必了，面向厅门、站在左边的那位是个忠厚人，办事小心，让人放心，可派他做后勤供应之类的工作；中间那位是个阳奉阴违、两面三刀的人，不值得信任，只宜分派一些无足轻重的工作，担不得大任；右边那位是个将才，可独当一面，将来作为不小，应予重用。”

李鸿章很吃惊，问曾国藩是何时考察出来的。曾国藩笑着说：“刚才散步回来，见到那三个人，走过他们身边时，左边那个低头不敢仰视，可见是位老实、小心谨慎之人，因此适合做后勤工作一类的事情。中间那位，表面上恭恭敬敬，可等我走过之后，就左顾右盼，可见是个阳奉阴违的人，因此不可重用。右边那位，始终挺拔而立，如一根栋梁，双目正视前方，不卑不亢，是一位大将之才。”

曾国藩所指的那位“大将之才”，便是淮军勇将、后来担任台湾巡抚的刘铭传。

以貌取人，不智；观其眼神以观其人，却往往准确。经验告诉我们，人内心的秘密，心中的冲突，总是会不自觉地通过变化的眼神流露出来。因此，要想看懂对方的内心，就不要忘了去观察对方的眼神。要知道，在与人打交道的过程中，从对方的眼睛中能发现许多秘密。

下面，简单介绍一下不同眼神所表达的含义。

如果一个人的眼神横射，仿佛有刺，便可明白他异常冷淡，如有请求，暂且不必向他陈说，应该从速借机退出。

如果一个人的眼神阴沉，应该明白这是凶狠的信号，你与他交涉，须得小心一点。

如果一个人的眼神四射，神不守舍，便可明白他对于你的话已经感到厌倦，再说下去必无效果，你必须赶紧告一段落，或乘机告退，或者寻找新话题，谈谈他所愿听的事。

如果一个人的眼神恬静，面有笑意，便可明白他对于某事非常满意。你要讨他的欢喜，不妨多说几句恭维话。

如果一个人的眼神沉静，便可明白他对于你着急的问题，早已成竹在胸，定操胜算。

如果一个人的眼神散乱，便可明白他也是毫无办法，徒然着急是无用的。

如果一个人的眼神上扬，便可明白他是不屑听你的话，无论你的理由如何充分，你的说法如何巧妙，还是不会有高明的结果，不如戛然而止，退而求接近之道。

如果一个人的眼神凝定，便可明白他认为你的话有一听的必要，应该照你预定的计划，婉转陈说，只要你的见解不差，你的办法可行，他必然是乐于接受的。

如果一个人的眼神流动异于平时，便可明白他胸怀诡计，想给你苦头尝尝。这时应步步为营，不要轻近，前后左右都可能是他安排的陷阱，一失足便跌翻在他的手里。

如果一个人的眼神呆滞，唇皮泛白，便可明白他对于当前的问题惶恐万状，尽管口中说不要紧，他虽未绝望，也的确还在想办法，但却一点也想不出所以然来。

如果一个人的眼神似在发火，便可明白他此刻是怒火中烧，意气极盛，如果不打算与他决裂，应该表示可以妥协，速谋转机。否则，再逼紧一步，势必引起正面的剧烈冲突了。

如果一个人的眼神下垂，连头都向下倾了，便可明白他是心有重忧，万分苦痛。你不要向他说得意事，那反而会加重他的苦痛，你也不要向他说苦痛事，因为同病相怜越发难忍，你只好说些安慰的话，并且从速告退，多说也是无趣的。

总而言之，一个人的眼神有动有静，有散有聚，有流有凝，有阴沉，有呆滞，有下垂，有上扬，仔细参悟之后，必能人情毕露。

满足对方需要被尊重的心理

人与人之间的交往，应建立在真诚与尊重的基础上。哲学家威廉·詹姆士说过：“潜藏在人们内心深处的最深层次的动力，是想被人承认、想受人尊重的欲望。”渴望受人喜爱、受人尊敬，这是人类天生的本性。特别是在人际关系越来越透明化的今天，尊重这一原则在人际交往中显得越来越重要。只有尊重对方，才能得到对方的尊重。

在一家蛋糕店里，进来了一位衣衫褴褛的流浪汉。周围的顾客都皱眉掩鼻，露出嫌恶的神色来。店里的服务员看到后，挥着手，大喊着“快出去，快走吧”。流浪汉却拿出几个脏兮兮的硬币小声地说："我来买蛋糕，最小的那种。"

这时，蛋糕店老板走过来制止了服务员的行为，从柜子里取出一个小而精致的蛋糕递给流浪汉，并深深地向他鞠了一躬，说："多谢关照，欢迎再次光临！"流浪汉受宠若惊般离开，要知道他从来没有受过如此殊荣。

一旁的店员不解，问道："老板，你为什么对流浪汉如此热情？"

店老板解释说："虽然他是流浪汉，却也是顾客呀。他为了吃到我们的蛋糕，不惜花去很长时间讨得的一点点钱，实在是难得，我不亲自为他服务怎么对得起他的这份厚爱？"

店员又问："既然如此，为什么要收他的钱呢？"

店老板说："他今天是客人不是来讨饭的，我们当然要尊重他。如果我不收他的钱，岂不是对他的侮辱？我们一定要记住，要尊重我们的每一个顾客，哪怕他是一个流浪汉；因为我们的一切都是顾客给予的。"

店员若有所思地点点头。

这个故事给了我们一些启示：与人相处时，不论别人的条件和身份是怎样的，都应该要尊重别人的人格。

只有尊重了别人，你在别人心目中才更有地位，别人才会尊重你。

“己所不欲，勿施于人”，是尊重他人的基本原则。心理学研究表明，人都有友爱和受尊敬的欲望，并且交友和受尊重的希望都非常强烈。人们渴望自立，成为家庭和社会中真正的一员，平等地同他人进行沟通。如果你能以平等的姿态与人沟通，对方会觉得受到尊重，而对你产生好感；相反地，如果你自觉高人一等、居高临下、盛气凌人地与人沟通，对方会感到自尊受到了伤害而拒绝与你交往。

尊重他人不仅仅是一种态度，也是一种能力和美德，它需要设身处地为他人着想，给别人面子，维护他人的尊严。尊重的最高境界不是体现在轰轰烈烈的大事之中。有时候，越是微不足道的生活细节，越是不经意的自然流露，越发见得尊重的可贵。

有一位表演大师上场前，他的弟子告诉他鞋带松了。大师点头致谢，蹲下来仔细系好。等到弟子转身离开后，他又趁弟子不注意的时候，蹲下来将鞋带解松。这个细微的动作，恰巧被一位旁观者注意到了。他非常不解，来到大师面前问：“大师，您为什么又要将鞋带解松呢？”

大师回答道："因为我饰演的是一位劳累的旅者，长途跋涉让他的鞋带松开，可以通过这个细节表现他的劳累憔悴。"这位旁观者更是不解了，问："那您为什么不直接告诉你的弟子呢？"

这位大师笑了笑说："他能细心地发现我的鞋带松了，并且热心地告诉我，我一定要保护他这种热情的积极性，及时地给他鼓励……"

聪明的大师面对因不明白用意的弟子提醒的"鞋带松了"，体现了对他人真诚的尊重，而不是藐视，甚至嘲笑弟子。

任何人都有自尊和被人尊重的需要。如果你不能满足他人的这种最基本、最简单的需要，那么他人肯定不愿意与你相处。一句古语说得好："君子敬而无失，与人恭而有礼。"只有尊敬别人才能换来别人对你的尊敬，只有互相尊敬才能互相受益。

我们活在这世上，人人都需要别人的尊重与认可，当你主动尊重别人，给人以真诚、温暖与鼓励的时候，他们也将用同样的方式对待你。

多说“我们”，少说“我”

在人际交往中，也许你会发现，那些精通人情世故的人，一般很少直接跟你说“我怎么着怎么着”，都是说“我们怎么怎么样”。这样虽然有拉关系、套近乎的嫌疑，但是，这招很有效，简直可以称得上是人际交往的“助推剂”。

据美国的最新研究发现，一段健康的感情始于“我们”一词。交谈中多用“我们”是彼此依赖的标志，意味着双方想法、感受和行为相互影响，也表明一个人在关系中从自我中心取向到注重经营关系的转变。

爱德华·福特二世描述令人厌烦的行为时说：“一个满嘴‘我’的人，一个独占‘我’字，随时随地说‘我’的人，是一个不受欢迎的人。”的确如此。在人际交往中，“我”字讲得太多并过分强调，会给人突出自我、标榜自我的印象，这会在对方与你之间筑起一道防线，形成障碍，影响别人对你的认同。而“我们”这个词却可以制造彼此间的共同意识，拉近双方的距离，对促进人际关系将会有很大的帮助。

一个刚走进管理岗位的年轻人接到客户投诉后向总经理汇报情况。他说："你的分公司产品质量出现了问题，引起顾客投诉……"

总经理生气地打断他的话，皱着眉头质问道："你刚才说什么？我的公司？"

年轻人没有明白："是的，你的分公司……"他又将刚才的话重复了一遍。

总经理恼怒地说："你说我的分公司，那你是谁？你不是公司的一员？"

年轻人这才意识到自己的失误，马上纠正说："对不起，我们分公司产品质量出了问题……"

与人沟通，经常说"我"字，会拉开与他人之间的距离，使对方无法与你产生共鸣。如果改为"我们"就会缩短彼此之间的距离，使气氛和谐起来。

心理学家指出，在每个人的潜意识里，都或多或少地存在着"自我意识"。因此，每个人都不希望被人指使。如果对方意识到你在试图说服他，他的自我意识就会变得非常强烈，本能地与你对抗。在这种情况下，即使你说得天花乱坠，也很难打动他的心。相反，他会认为你所做的只是为了个人的利益着想，甚至会对你的人品产生怀疑。

此时，如果你不失时机地多说几个“我们”“我们的”，就会立刻使对方觉得你们的利益一致，就会在不知不觉中跟你站在同一条“战线”上。于是，原本坚硬的防御堡垒，就会在不知不觉中自动地消除。对于那些自我意识很强的人，尤其要使用这种方式。

有一次，一位有名的指挥家在剧场里举行演奏会，一曲终了，观众报以热烈的掌声，指挥家洋洋自得。这时，一个乐手小声地对指挥家说：“你看，我们的表现不错嘛！”指挥家不屑地说：“你说我们？那是什么意思？”说完，他又准备指挥下一首曲子。但是，当他挥动手里的指挥棒时，却发现乐手们没有任何反应。指挥家焦急地对乐手们说：“是的，我们真的表现得不错。”于是大家又听到了精彩的音乐。

看吧，说“我”和说“我们”给人的感觉就是完全不一样。经常使用“大家”“我们”等这类字眼，会使人感觉到大家均是同路人。因此善用“我们”来制造彼此间的共同意识，对促进人际关系将会有很大的帮助。

事实上，一个精通人情世故的人，在语言传播中，总会避开“我”字，而用“我们”开头。现在就开始培养自己多用“我们”的说话习惯吧。

不要打断或抢别人的话

在日常生活中，我们经常会遇到一些这样的人，老是打断别人的话或是抢别人的话，结果弄得大家不愉快。例如，你与朋友在谈论一个话题，你就此正发表自己的见解，可对方听到一半，还未等你说完，对方突然冒出一些观点，就急于要发表自己的看法，此时，便打断了你的说话，从中间插进去发表他的见解。或者，当你在讲一个事情，刚起个开头，恰巧这个事情是对方曾经听过的，他便不假思索地说，这个我听过，马上阻断你，让你不知道是不是需要继续讲下去。很显然，这种打断别人说话的行为是一种最无礼的行为。

王先生正在家里与一个客户谈生意，妻子突然从外面回家。妻子在回来时的路上遇上件新鲜事，就忍不住插嘴说："哇，我刚才在大街上看了一个大热闹，一大群人围着一个人和一条狗……"王先生伸出手指示意妻子不要再说，而她却越说越起劲。客户见谈生意的话题被打断，就对王先生说："既然你妻子回来了，我们改天再来。”客户说完就走了。妻子乱插话，搅了王先生的一笔大生意，让王先生很是恼火。

培根曾说：“打断别人，乱插嘴的人，甚至比发言冗长者更令人讨厌。”那些不懂人情世故的人总是在别人津津有味地谈着某件事情的时候，在说到高兴处时，冷不防地半路杀进来，让别人猝不及防，不得不偃旗息鼓。这种人不会预先告诉你，说他要插话了。他插话时有时会不管你说的是什么，而将话题转移到自己感兴趣的方面去，有时是把你的结论代为说出，以此得意洋洋地炫耀自己的光彩。无论是哪种情况，都会让说话的人顿生厌恶之感，因为随便打断别人说话的人根本就不知道尊重别人。

一天，迈克请了几位朋友在家共进晚餐。在大家互相介绍、寒暄之后，彼此基本上都了解了对方的姓名和工作性质。

当晚餐开始时，有一个叫艾拉的女士又开始逐个问及大家的情况：“对不起，你刚才说你是做什么工作的？”大家只好又一次重新介绍自己，她时不时地在别人还未讲完话时就插话：“噢！这让我想起了……”然后，不经思索、喋喋不休地道出一段毫不相干的故事。大家耐心地听她说，而作为主人的迈克则不时地找借口接过话题，以便使别人有讲话的机会。

迈克问一个朋友："听说你最近组织了一个慈善活动，为非洲儿童捐款。怎么样了？""噢，可怜的非洲儿童，他们生活在不可想象的条件下……"艾拉女士突然插嘴，又接上了话题。

"来，喝点儿酒，"迈克又礼貌地找借口截住了她可能会无休止进行下去的话题，"你太太最近怎么样？"迈克问另一个朋友。"她快生产了。"这个朋友回答。

"噢，上帝呀，她一定要小心难产，当年我生宝宝的时候，发生了难产……"艾拉女士又一次接过了话题。这一次，她飞快地讲着，再也没有留给迈克可以插话的机会。

聚餐结束后，有一个朋友对迈克说："真是一个让人难以忘却的女人。"迈克则抱歉地说："不好意思，今天晚上的谈话失去了控制。"从此，这个艾拉女士再没有出现在迈克的家庭晚宴上。

无论你多么渴望一个新的话题，多么想发表自己的见解，都不要去打断讲话者的话题，你要默默地将想说的话记在心中，直到讲话者讲话结束为止，再发表自己的见解。

讲话者最讨厌的就是别人打断他的讲话。因为这样，在打断他的思路的同时，又让他体会到你不尊重他。

任何时候，都不要无端地打断别人的谈话，因为任何人在讲话时都不希望被别人打断，如果你想让对方喜欢你、接纳你，就必须根除随便打断别人说话的陋习，当要打断别人时，提醒自己“多给别人一些表达的机会”。

从“口头禅”中窥探对方的内在心思

口头禅是一个人的语言习惯，是人们在面对意外，或为突出当时的情绪所说出的话语，其特点是简洁明快，所以几乎所有的人都有口头禅。通常一个人有一个口头禅，但也有的人有好几个。这些语言习惯最能体现说话人的真实心理和个性特点，所以只要留心，就可以从一个人的“口头禅”中窥见一个人的内心世界。这就是俗话说“闻其言可知其人”的道理。在人际交往中，我们可以从人们说话时所使用的词语来判断他的心理状态。

不知从何时开始，“烦死了”成为小王的口头禅，周围的人经常能从他的口中听到。如上网打开网页的时间稍稍慢了一点，他就开始不耐烦，并嚷道“烦死了”；去食堂打饭时间长了一点，他就开始焦躁，嘴里嘟囔着“烦死了”；工作上的一点小问题没有处理好，他就开始摔摔打打，抱怨着“烦死了”；外卖超时一分钟还没到，他就坐立不安，绝对不能忍……平时，周围的人对他都敬而远之，因为大家都知道他是个急脾气，点火就着的人。

口头禅的辨识度极高，听一个人的口头禅就能推断出一个人的大体性格，就像上例中小王的口头禅，透露出他是一个缺乏耐心、脾气暴躁的人。

下面介绍一些常见的口头语：

1. “这个”“那个”“啊”“呀”“嗯”“哦”

一般来说，这类人思维比较慢，反应较迟钝。他们讲话总是理不清自己的思路，言语不能顺畅地进行，说话时才会用停顿、缓和的语气词。有一部分人爱用此类词并不是没主见，反而是胸有成竹、城府很深，只不过故意装出一副大智若愚的样子。有些人爱用这种口头语，他们因怕说错话，需有间歇来思考。

2. 经常说“随便”的人

这种人大多数性情随和，但也代表其在生活中比较没有主见。

3．“果然”“其实”“确实如此”

这类人多自以为是，强调个人主张，以自我为中心的倾向比较强烈，希望能引起别人的注意。他们大多比较任性和倔强，并且多少还有点自负。

4．“我个人的想法是”“是不是”“能不能”

这类人一般较和蔼亲切，待人接物时，也能做到客观理智，冷静地思考，认真地分析，然后做出正确的判断和决定。他们做人做事不独断专行，能够给予他人足够的尊重，反过来也会得到他人的尊重和爱戴。

5．“我要”“我想”“我不知道”

这类人多思想比较单纯，爱意气用事，情绪不是特别稳定，有点让人捉摸不定。

6．“真的”“说实在的”“老实讲”“说白了”“的确是”“不骗你”

这类人做事比较认真，生怕对方信不过自己，总爱强调自己的观点。这类人比较老实可靠，比较讲信用，是值得信赖的人。

7．“绝对”“肯定”“一定是”

这种人往往比较主观，而且常常是以自我为中心的，他们的很多想法是不合乎实际情况的。他们大多有一种自爱的倾向，有时他们的“绝对”被人驳倒之后，为了隐瞒自己内心的不安，总要找一些理由来加以解释，总想让自己的东西被人接受。

8. “我早就知道了”“所以我不是说了嘛”

这类人有表现自己的强烈欲望，只能自己是主角，自己发挥。但对他人却缺少耐性，很难做一个合格的听众。

9. “你应该”“你不能”“你必须”

经常使用这类命令式词语的人，多专制、固执、骄横，但对自己却充满了自信，有强烈的领导欲望。

10. “所以说”“因此”

这类人最大的特点是喜欢以聪明者自居，自以为是。他们认为自己所说的话具有绝对的权威性，并有鄙视他人的心理。但是如果多了解他们一些，你就知道其实要和这类人相处并不困难。因为他们非常希望得到他人的认同，渴望自己在他人心目中的形象是“见识广博，什么都懂”，所以如果想和他们友好相处，只要在这一点上多忍耐担待一些就行了。

另外，口头禅经常挂在嘴边的人，大多办事不干练，缺乏坚强的意志。有些人，说话时没有口头禅，这并不代表他们从未有过，可能以前有，但后来逐渐地改掉了，这显示出一个人意志力的坚强和追求说话简洁、流畅的精神。

总之，若想通过口头禅更好地观察、了解和判断一个人的性格如何，需要在交往中仔细、认真地揣摩、分析，这样，才会收到良好的效果。

察言观色，摸清对方心理

俗话说：“出门看天色，进门看脸色。”观天色，可推知阴晴雨雪，携带雨具，免受日晒雨淋；看脸色，便可知其情绪好坏，免得不受人待见。所谓察言观色，就是要从一个人的言谈举止中看出他的品性、风格以及弦外之意。只有准确地察言观色，我们才能在人际交往中如鱼得水，游刃有余。

察言观色是了解他人内心的窗口。如果你的观察能力强，能够很好地察言观色，在社会交际中可以做到知己知彼，减少不必要的摩擦和误解。有位心理学家曾讲过：“在世界的知识中，最需要学习的就是如何洞察他人。”

周亮是一家公司的经理助理，他工作能力很强，按说在公司里本来应该有很好的发展。但是因为他不太会察言观色，不能很好地领悟和揣摩到别人的意思，所以无意之中得罪了很多人。

一次，周亮和上司一起去一家公司谈生意。到了该公司门口，周亮抢先下了车，他的上司本以为周亮是要给自己开车门，所以故意放慢动作，但是周亮根本没有来给上司开车门，而是自己走在前面进入了该公司。上司有些不高兴，但因为是在客户的公司门口，也不好发作，便跟在周亮的后面进了公司。

双方洽谈合作的时候，周亮作为上司的助手，本应做好协助工作，但他却处处显示自己，抢着与对方谈合作。最终与客户谈成了合作意向，但在回公司的路上，上司却十分不高兴。

到了公司，上司把周亮叫到办公室里，却根本不看他，而是一边忙着手里的工作，一边说："今天你表现得真是不错，合作能够谈成，有你很大的功劳啊！"

周亮根本没有听出上司的弦外之音，更没有看出上司生气了，还以为上司是夸自己，便得意地说："哪里，我只是小小地发挥了一下，其实今天您不去，我也能谈成的，以后这种事情，您放心交给我就行。"

上司听了更加生气，于是头也没抬就让周亮出去了。第二天，周亮就接到了辞退通知单，但他却根本不知道自己哪里惹到上司了。

为什么周亮最后落得了这个结果，究其原因，便是因其不会察言观色，惹怒了上司，自己却浑然不觉。

其实，每个人在与别人进行交流的时候，他的表情、动作都会向对方传达很多的信息，所以，我们一定要学会如何察言观色，了解对方的心理，避免产生误会，把事情做好。

“脸上表情，天上的云彩。”聪明的人具有察言观色的本领，他们能够根据对方的言行举止、喜怒哀乐等来分析自己的言行是否合理。这样的人往往比一般人具有更强的适应性，至少他们不会在对方高兴时，泼一盆冷水，弄得大家不欢而散，更不会在对方愤怒时，出言不逊，惹祸上身。

南朝时有个大臣叫刘裕，因平定叛乱有功被封为宋王。但刘裕并没有满足于加官晋爵这件事情，他想要做的是皇帝。但是，这样的话又不好自己说出来。

一天，他招待其他大臣吃饭，吃饭的时候他说：“桓玄阴谋篡位，是我举起义旗，讨伐顽凶，皇室才得复兴。想我这一生，南征北战，平定四海，大功告成。到现在年岁大了，虽说位极人臣，但心里头总觉得不踏实。我想奉还爵位，告老回到京师去做个富翁，安度晚年。”

很多人听他这样说，都争着恭维他，这些忙着对他奉承的人没有一个将他的真实意图听出来。在宴席上，有一个叫作傅亮的人听到刘裕这样说，只是沉默不作声。宴会结束以后，他回到家里将刘裕的话又琢磨了一番，终于明白了刘裕话中的意思。

于是第二天，傅亮到刘府拜见刘裕。他只和刘裕说了一句话：“微臣觉得自己应该立即回京城一趟。”刘裕一听立刻明白了傅亮的意思，于是他问：“你要几个人给你送行呢？”傅亮对刘裕说：“只要几十个人就够了。”

这样，傅亮回到了京城，到皇帝的住所拜见皇帝，开始逼迫皇帝退位，并写下禅让书，将自己的皇位禅让给刘裕。就这样，刘裕没有花费丝毫力气就登上了皇帝的宝座。当然，聪明的傅亮也没有白白花费这些力气，刘裕一登上皇帝的位置就重重赏赐了傅亮。

傅亮的聪明就在于明白了刘裕话中的意思，并帮助他达成了心愿，自然也就得到了刘裕的欣赏。

察言观色是我们在人际交往中不可不备的技能。纪伯伦曾经说过：“如果你想了解一个人，不是去听他说出的话，而要去听他没有说出的话。”一般说来，一个人不会轻易把自己真实的意见、想法直接地表达出来，但他的感情或意见，总会在他的语言表达里体现得清清楚楚。所以，我们要善于揣摩对方的心思，感受对方的心情，这样才能以积极、主动的方式和对方交往，营造和谐的人际关系。

学会倾听是心灵沟通的桥梁

在人际交往中，会说固然重要，而善于倾听更为可贵。英国管理学家威尔德说：“人际沟通始于倾听。”倾听是一种礼貌，是精通人情世故的一种表现，也是对说话者的一种高度的赞美，更是对说话者最好的恭维。每个人都希望在与人谈话时受到别人的尊重和重视。当我们专心致志地说话时，都希望别人能够全神贯注地听，而只有用心去听，才能使对方喜欢你、信赖你，从而拉近与你的距离。但遗憾的是现实中，有很多人并没有真正掌握“听”的艺术。

玛丽是爱丽丝见到的最受欢迎的女士之一。她总能受到邀请。经常有人请她参加聚会、共进晚餐。

一天晚上，爱丽丝碰巧到一个朋友家参加一次小型社交活动。她发现玛丽和一个帅气的男孩坐在一个角落里。出于好奇，爱丽丝远远地注意了一段时间。爱丽丝发现那位年轻男士一直在说，而玛丽好像一句话也没说。她只是有时笑一笑，点一点头，仅此而已。几小时后，两人起身，谢过男女主人，走了。

第二天，爱丽丝见到玛丽时禁不住问道：

“昨天晚上我看见你和一个帅气的男孩在一起。他好像完全被你吸引住了。你怎么抓住他的注意力的？”

“很简单。”玛丽说，“男主人把他介绍给我，我只对他说：‘你的皮肤晒得真漂亮，在冬季也这么漂亮，是怎么做的？你去哪呢？阿卡普尔科还是夏威夷？’”

“夏威夷。”他说，“夏威夷永远都风景如画。”

“你能把一切都告诉我吗？”我说。

“当然。”他回答。我们就找了个安静的角落，接下去的两个小时他一直在谈夏威夷。

“今天早晨，那个男士打电话给我，说他很喜欢我陪他。他说很想再见到我，因为我是最有意思的谈伴。但说实话，我整个晚上没说几句话。”

看出玛丽受欢迎的秘诀了吗？很简单，玛丽只是让那个男士谈自己。她对每个人都这样——对他人说：“请告诉我这一切。”这足以让一般人激动好几个小时。人们喜欢玛丽就因为她善于倾听别人说话。

在人际交往中，作为尊重他人的一种表现，善于倾听的作用是非常重要的。心理学研究表明，越是善于倾听他人意见的人，与他人关系就越融洽。因为倾听本身就是褒奖对方谈话的一种方式，你能耐心倾听对方的谈话，等于告诉对方“你是一个值得我倾听你讲话的人”。

人们都喜欢善于倾听的人，倾听是使人受欢迎的基本技巧。人们被倾听的需要，远远大于倾听别人的需要。一个讲话者总希望他的听众听完他发表的意见，如果你对此漫不经心，或者毫不在乎，这就在一定程度上伤害了他的自尊心，他原来对你的好感也会顷刻化为乌有。如果你要在交往中赢得他人的好感，那么你首先要做到的便是用心地倾听。正如一位心理学家所说：“以同情和理解的心情倾听别人的谈话，我认为这是维系人际关系，保持友谊的最有效的方法。”

倾听是人际交往中一项很重要的制胜法宝。一个在人群中滔滔不绝的人或许很容易得到大家的尊敬和钦佩，可是一个懂得倾听并善于鼓励别人的人，能更容易得到他人的好感和信任。所以，在交往中我们一定要学会倾听，因为倾听是心灵沟通的桥梁，是懂得人情世故的表现。

避免毫无意义的争辩

争论是人性的弱点之一。一位名人曾说过，“争论的背后往往孕育着危险”。此话确实一点不错。与人交流中难免会出现意见不一致的时候，假如你只知道自顾自地喋喋不休，全然不顾他人的感受，对方就会认为你是个狂妄自大的人而不愿与你交往，甚至会因为争论时的过激言语刺伤自尊心，引起双方的矛盾。和别人争论而失去了朋友，失去了好人缘，这实在令人觉得可惜。要知道争论对人对己都是毫无益处的，它只会拉开你与别人的感情距离，招致对方的反感而已。

有一次，孔子遇到了两个樵夫正在争辩一件事，孔子上前倾听，两个樵夫都争先恐后地向孔子诉说事情的原委，他们在争辩三乘以八是二十四还是二十三。一个樵夫说是二十四，一个偏偏说是二十三。

孔子听后，笑着对说二十四的人说："你错了，他是对的。"

说二十三的人笑呵呵地走了。

剩下的樵夫不服气地对孔子说："你是怎么回事，明明应该是二十四，这个连小孩子都知道的，你怎么说他是正确的呢。"

孔子笑着说："既然是连小孩子都知道的事情，他却不知道，岂不是，他连小孩子都不如，你和他争辩着有意思吗？说你错了，对你又会有什么损失呢？你和他争辩下去不是白白浪费时间吗？"

不论对方聪明才智如何，你也不可能靠辩论改变他人的想法。即使你在争论中有理，但要想改变别人的主意，也是徒劳的。因为一个人若非自愿地屈服，内心仍然会坚持己见。事实上，争辩不能起到任何作用。

大多数人都有一个通病，不管有理没理，当自己的意见被别人直接反驳时，内心总是不痛快，甚至会被激怒，心理学家指出，用争论的方法不能改变别人，而只会引起反感；争论所引起的愤怒常常引起人际关系的恶化，而所被争论的事物依旧不会得到改善。所以，如果你不想树立对立情绪，而想搞好人际关系，请记住：永远避免同别人争论。

一天，几个员工冲进老板的办公室，向他提出一项抗议。

为首的是一位脾气很大的员工，开口就用难听的话咒骂老板。而老板却显得异常平静，他知道，现在做任何解释都会导致更激烈的争吵，这对于坚持自己的决定很不利。他一言不发，默默地听这些人叫嚷，任他们去发泄自己的怒气。直到这些人都说得筋疲力尽了，他才用温和的口气问："现在你们觉得好些吗？"

那个员工的脸立刻红了，老板平和而略带讥讽的态度，使他觉得自己好像矮了一截，他仿佛觉得自己粗暴的指责根本站不住脚，而老板可能根本就没错。

后来，老板开始向他解释自己为什么要做那项决定，为什么不能更改。这位员工并没完全听懂，但他在心理上已经完全服从老板了。

他回去和工友报告交涉结果时，只是说："伙计们，我忘了老板所说的是些什么了，不过他是对的。"

这位老板凭着他的自制力，在心理上打了一个胜仗。

真正赢得胜利的方法不是争论，而是避免争论。遇到争论时，你最好能尽量忍在心里，不要爆发，用理智来抑制激情，这样才能使大事化小，小事化无。

人生之中，何必事事都要去争论，以赢取那无谓的胜利。正如睿智的富兰克林所说的：“如果你老是争辩、反驳，也许偶尔能获胜；但那是空洞的胜利，因为你永远得不到对方的好感。”是的，永远不要与人进行无意义的争辩，那只会引起别人的反感。如果你与人争辩的动机，是出于想要证明自己是对的、为自己辩白或赢得听众的信服，那么你的行为太自私了，永远不会得到别人的欢迎。所以，当你们要与人争辩前，不妨先考虑一下，我们到底要什么呢？一个是毫无意义的“表面胜利”，一个是对方的好感。

记住，一个真正懂得人情世故的人，是永远不会和他人进行不必要的争论的。

第四章

给人留面子，你才会受益无穷

给别人面子，不要让人感到难堪

人们常说：“人有脸，树有皮。”这句话说出了人性的一大特点：爱面子。

“面子”到底是什么东西呢？说明了，就是尊严。西方学者马斯洛在研究人的生存需要的五个层次时，把尊严放在了较高的层次里，保护自己的自尊心不受伤害是每个人深层次的需要。

在现实生活中，为了“面子”，小则翻脸引发口舌之争，大则会大打出手闹出人命；如果你不在意“面子”问题，那你必定是个不懂人情世故的人；如果你只顾自己的面子，不顾他人的面子，那你必定有一天会吃大亏。因此，我们在交往时，为自己争得面子的同时，也别忘了给别人留些尊严。

有一天，几个同事一起吃饭，席间谈笑风生，气氛很好。老王和小陈的女友小孙聊得甚是投机，但一件小事却使得这次聚会变得很不和谐。小孙是大学函授专科，但却碍于面子，撒了个小谎说自己是正式本科毕业，没想到老王对她所说的母校甚是熟悉，于是打破砂锅问到底，结果使小孙露了馅。弄得场面好不尴尬，从此，老王和小陈的关系也渐渐地淡了下来。

由此可见，一个人说话办事，如果不懂得给别人留些情面，就会造成彼此的尴尬与不愉快。席间，小孙说的时候神色已有几分不自然，老王也不是糊涂人，应该顺水推舟，可是他却不知趣，非要和人家小姑娘较劲，使人家出了丑，自己也不好过。仔细想一想，伤害别人的面子，牺牲你的人缘，换来一个小小的胜利，是否真的值得。做人应该明白一点：保住别人的面子便是给自己加分。

很多年前，美国通用电气公司遇到了一件不好处理的事情，他们需要将一个叫查尔斯·斯坦梅茨的部长撤职。要说在电学方面的知识，斯坦梅茨是一流的，遗憾的是，他却担任了审计部的部长。

公司碍于怜惜人才，所以不能得罪他。他在公司的研发方面是一个不可多得的人才，但是他对自己的地位也非常敏感。后来，公司想了一个办法，他们另外为斯坦梅茨安排了一个职位，让他做公司的最高咨询工程师，还举行了隆重的宣布仪式向全公司报喜。

实际情况是这个新职位所负责的工作是他一直做的，所以他也没有什么不满，相反，他还对新的称呼感到高兴。公司的高层也感到非常满意，他们给斯坦梅茨留了面子，所以他也没有造成混乱。

与人交往，在任何时候都要给别人留面子。因为这样做不但可以使问题得以解决，还能使自己的声誉得到提高。

给他人留面子是一种处世技巧，是人们在多年交往总结出的一种经验，所以你要懂得给人面子。民间流传一句话“做人留一线，日后好相见”。你给人面子，就是给人一份厚礼。如果有朝一日你求他办事，那么他自然要“给回面子”，即使他感到为难或感到不是很愿意的话。这便是通晓人情世故的全部精义所在。

不要在人前揭他人的短

中国的传统文化典籍《弟子规》中有这么一句：“人有短，切莫揭。人有私，切莫说。”意思就是人的短处，千万不要去揭；人家的私事，也不要去关心。生活中，我们难免会经常和各种人在一起交谈，那么在闲谈中，一定要回避对方忌讳的事，不要戳别人的伤疤，揭别人的短处。对任何人来说被击中痛处，都是令人不愉快的事。

小刘和妻子结婚两个月，就生了一个小孩，朋友们都赶来祝贺。小刘的一个要好的朋友小张也来了。他拿来了自己的礼物——纸和铅笔，小刘谢过了他，并且问：

“给这么小的孩子赠送纸和笔，不是太早了吗？”

“不早啦！”小张说，“您的小孩儿太性急。本该9个月后才出生，可他偏偏两个月就出世了，再过5个月，他肯定会去上学，所以我才给准备了纸和笔。”

小张的话刚说完，全场哄然大笑，令小刘夫妇无地自容。

在这个事例中，小张明显道出了小刘妻子未婚先孕的隐私，结果令大家都处于尴尬的局面。

常言道：“人活脸，树活皮。”从心理学的角度讲，人人都有自尊心，维护自尊是人的天性。无论一个人的出身、地位、权势、风度多么傲人，也都有不能别人言及、不能冒犯的角落，这个角落就是人的“雷区”。当你一句话击中对方的软肋，揭了对方的“疮疤”，只会让对方在面子上过不去，从而诱发了你与对方的矛盾，影响你的人际关系。

中国有句俗话“病从口入，祸从口出”，许多是非往往是我们多嘴多舌造成的。翻人家的污点，触及人家的短处，不管是有意还是无意，对己对人都是不利的。

有一个年轻人从小就失去双臂，只好用脚代替手来打理自己的生活，并凭着自己的努力练出用脚指头夹笔写字作画的本领，成为一代画家。有一次，他开画展，一位观展者问他：“你是靠脚指头成名的，那么对你来说，是脚有用还是手有用？”

这个问题很不礼貌，同时也戳到了画家的痛楚，从小就失去双臂的他感到十分恼怒，于是反问道：“维纳斯雕像是以断臂出名的，你说她是有胳膊美还是没胳膊美？”一句话堵得对方瞠目结舌，尴尬地走开了。

我们常说“瘸子面前不说短”“胖子面前不提肥”“东施面前不言丑”一样，对让人失意之事应尽量地避而不谈。人人都有各自不同的成长经历，都有自己的缺陷、弱点，也许是生理上的，也许是隐藏在内心深处不堪回首的经历，这些都是他们不愿提及的“疮疤”，是他们在社交场合极力隐藏和回避的问题。被击中痛处，对任何人来说，都不是一件令人愉快的事。尤其是他人身上的缺陷，千万不能用侮辱性的言语加以攻击。无论是什么人，只要你触及了这块伤疤，他都会采取一定的方法进行反击。他们都想获求一种心理上的平衡。所以说，我们要极力避免说别人的短处，否则不仅使别人的尊严受到损害，而且还表现出你品德的缺点。

在人际交往中，如果你想与他人友好相处，就要懂点人情世故，尽量体谅他人，维护他人的自尊，避开言语“雷区”，千万不要戳人痛处。记住，不揭他人短处，也是一种善良。

学会批评，给他人留面子

金无足赤，人无完人，任何人都有缺点和不足，对于他人所犯的错误，如果你直率地说“你错了”，或者当众指出他的缺点和毛病，其实是对别人尊严的挑战，很容易激发别人的反感和憎恶。正如卡耐基所说：“直接批评是无用的，因为它会使人采取防守的姿态，并常常使他们竭力为自己辩护，直接批评是危险的，因为它伤害了一个人的自尊心，并会激起他坚决反抗。”所以，不论何时何地，都要照顾对方的感受，要懂得给人面子，即使是批评他人，也不能只图自己嘴巴一时的痛快，有意无意地伤害了他人。

在美国经济大萧条时期，有一位姑娘好不容易才找到一份在高级珠宝店当售货员的工作。在圣诞节前一天，店里来了一个衣着破旧的顾客，他满脸哀愁，用一种不可企及的目光，盯着那些高级首饰。

姑娘要去接电话，一不小心把一个碟子碰翻，6枚精美绝伦的钻石戒指落在地上。她慌忙捡起其中的5枚，但第6枚怎么也找不着。这时，她看到那个衣着破旧的男子正向门口走去，顿时意识到戒指被他拿去了。当男子将要触及门柄时，她柔声叫道：

“对不起，先生！”

那男子转过身来，两人相视无言，足有十几秒。

“什么事？”男人问，脸上的肌肉在抽搐，再次问：“什么事？”

“先生，这是我头一回工作，现在找个工作很难，想必您也深有体会，是不是？”姑娘神色黯然地说。

男子久久地审视着她，终于一丝微笑浮现在他脸上。他说：“是的，确实如此。但是我能肯定，你在这里会干得不错。我可以为您祝福吗？”他向前一步，把手伸给姑娘，那枚钻石戒指就在他的手上。

“谢谢您的祝福！”姑娘立刻也伸出手，戒指戴在了她的手指上。姑娘用十分柔和的声音说：“我也祝您好运！”

故事中的这个小姑娘是睿智的，她很会照顾对方的情面，没有开门见山地要回戒指，而是委婉地指出了男子的错误，先说出自己的难处，找工作不容易，让男子认识到自己的错误，进而主动交还戒指。那男子也很珍惜没有露丑丢脸的时机，非常体面地改正了自己的错误。

自尊心人人皆有，任何人都没有权利去贬抑或伤害他人的自尊，保住他人的面子，在有些情况下是非常重要的。特别是当他人有错误或失误时，给人一个台阶，为他人保留面子，对人对己都是有好处的。

任何人都不喜欢被他人批评，即使他明白自己确实做错了。心理学家指出，这种强大的力量中有很大一部分是自我认同感在起作用。当自己所相信的东西被怀疑或否定之后，每个人都会产生一种焦虑，感到自己的自尊被伤害了，甚至感到自己的安全已经没有了保障。结果是，他会本能地拒绝承认自己的错误，即使他可能认为你说的是对的。因此，当你想要说服一个人，让他明白自己的错误的时候，千万不要直接指出对方的错误，一定要考虑到对方的尊严，照顾好对方的面子，这样才能使批评更有效。

法国飞行先锋和作家安托·德·圣苏荷依说过：“我没有权力去做或说任何事以贬抑一个人的自尊。重要的并非我觉得他怎样，而是他觉得自己如何，伤害他人的自尊是一种罪行。”保护他人的自尊心，这是很重要的。当你需要批评或惩戒他人时，应该记住这一点。

赞美是给别人最大的面子

美国心理学家威廉·詹姆斯说过一句话：“人性最深切的需求就是渴望被别人赞美。”人人都需要被赞美，人人都喜欢被赞美，这是人的天性使然。多夸奖别人的优点和长处，或者将别人的优点和长处稍微扩大一些，他就会感到自己脸上有光，感觉很有面子。

有一位太太想聘用一位女佣，便打电话给那位女佣的前任雇主，询问了一些情况，得到的评语却是贬多于褒。女佣到任的那一天，这位太太说：“我打电话请教了你的前任雇主，她说你为人老实可靠，而且煮得一手好菜，唯一的缺点就是整理房间比较外行，老是把屋子弄得脏兮兮的。不过，我想她的话并非完全可信，我相信你一定会把家里打理得井井有条。”

事后，她们果然相处得很愉快，女佣真的把家里打扫得干干净净，而且工作非常勤奋。

真诚的、发自内心的赞美可以让我们快速地获得他人的好感。赞美之所以对人的行为能产生深刻影响，是因为它满足了人的自尊心的需要。赞美是对个人自我行为的反馈，它能给人带来满意和愉快的情绪，给人以鼓励和信心，让人保持这种行为，继续努力。

莎士比亚曾经这样说过：“赞美是照在人心灵上的阳光。没有阳光，我们就不能生长。”赞美作为一种与他人社交的技巧，其可谓是具有神奇的魔力，它不但可以消除人际间的龉龃和怨恨，满足人的虚荣心，还可以轻易说服对方接受你的观点，有时甚至足以改变一个人的一生。

在现实生活中，不管是小孩儿还是大人，不管是青年还是老人，不管是平凡的人还是伟大的人，都渴望受人尊重，被人赞扬。人活着总希望得到他人的认可，每个人多少都有些虚荣心，满足别人优越感的最好方法，就是赞美对方。如果几句话就能给人们带来这样的满足，我们为什么不这样做呢？

比恩·崔西是美国的一位图书推销高手，他曾经说：“我能让任何人买我的图书。”他推销图书的秘诀只有一条：善于赞美顾客。一次，他去推销自己的书，遇到了一位非常有气质的女士。这个时候，比恩·崔西刚刚开始运用赞美这个法宝。当这位女士听到推销员的赞美时脸一下子就阴了下来：“我知道你们这些推销员很会奉承人，专挑好听的说。不过，我不会听你说的鬼话的。你还是节省点时间吧。”但是比恩·崔西却微笑着对她说：“是的，您说得很对，推销员是专挑那些好听的话来讲，甚至会说得别人昏头昏脑的，像您这样的顾客我还是很少遇到，特别有自己的主见，从来不会受到别人的影响。”这时，细心的崔西发现，这位女士的脸已由阴转晴了。并且她问了崔西很多的问题，崔西一一真诚地做了回答。最后，崔西开始高声赞美道：“您的形象反映了您高贵的个性，您的语言反映了您敏锐的头脑，而您的冷静衬托出了您的气质。”该女士听崔西的一番言论后，高兴地笑了起来，很爽快地买了一套书籍。后来，她又在崔西那里购买了上百套书籍。随着推销图书经验的日渐丰富，比恩·崔西总结了一条人性定律：没有人不爱被他人赞美，只有不会赞美别人的人。

俗话说“良言一句三冬暖”，人一旦被认定其价值时，总会喜不自胜，在此基础上，你再提出自己的请求，对方自然就会爽快地答应下来。心理学家证实：心理上的亲和，是别人接受你意见的开始，也是转变态度的开始。由此可知，求助者要想在求人办事过程中取得成功，一个行之有效的方法就是给予其真诚的赞美。赞美别人是一种有效的情感投资，而且投入少，回报大，是一种非常符合经济原则的行为方式。

赞美是成功人际交往的一种重要能力。与人交往时，不妨多说几句赞美的话、表扬的话，这样就能给对方留下良好的印象，就会点燃双方友谊的火焰，使你受益匪浅。

失意人面前，不谈得意之事

著名的法国启蒙思想家孟德斯鸠说过：“我从不歌颂自己，我有财产，有家世，我花钱慷慨，朋友们说我风趣，可是我绝口不提这些。固然我有某些优点，而我自己最重视的优点，即是我谦虚……”这句话的意思是：当一个人人生得意的时候，更应该懂得去谦虚慎言。无数事实证明，那些自我吹嘘、夸耀的结果，往往适得其反。

生活中，不少人一旦遇到得意之事，就总喜欢在他人面前炫耀，总以为这样就会让自己有优越感，让自己的脸上有光，别人也会高看自己，甚至是敬佩自己，这是个浅薄的认识。殊不知，别人并不愿意听你的得意之事，自我炫耀效果反而适得其反。因为你的得意衬托出别人的失意，甚至会让对方认为你炫耀自己的得意之事便是嘲笑他的无能，让他产生一种被比下去的感觉，特别是失意的人，你在他面前炫耀自己的得意之事，他会更恼火，甚至讨厌你。所以，当你处于顺境、春风得意时，与人交谈一定要考虑到对方的心情，以免无意中伤害了别人的自尊心。切忌在失意人面前谈论得意之事。

前不久，王征约了几个朋友在家里聚会，他希望借着热闹的气氛，让情绪低落的周刚放松一点。

周刚最近厄运连连，刚刚失业，妻子也因为感情问题和他闹离婚。他现在是内忧外患，不堪重负。几个朋友都知道周刚目前的处境，因此都避免去触及与此有关的事。可是，其中一个人刚喝了一杯酒，就开始口不择言了，一会说自己工作上顺风顺水，一会又说自己的妻子如何贤惠，说到高兴处还手舞足蹈，得意之情溢于言表，这让在场的人都感觉不舒服。

情绪低落的周刚更是面色难看，低头不语，一会儿去洗脸，一会儿去上厕所。最后实在听不下去了，就找了个借口提前离开了。他跟送他走的王征生气地说：“他有必要在我面前炫耀工作好，妻子贤惠吗？！”

随意自夸是不懂人情世故的表现，为此常会败事。在人际交往中，不要在别人面前炫耀你的得意，没人愿意听这样的消息，如果正好有生活不顺的朋友在场，你的炫耀更是雪上加霜。即使大家的心情都很好，如果你只顾炫耀自己的得意事，而不给别人谈论的机会，也会招人反感。懂人情世故的人会将自己的得意放在心里，而不是放在嘴上，更不会把它当作炫耀的资本。所以，当你和朋友交谈时，最好多谈他关心和得意的事，这样可以赢得对方的好感和认同，从而加深你们之间的感情。

勿在失意人面前表现得太得意，是一种修养，也是一种为人处世的智慧。我们不妨扪心自问，自己的失意之时，他人在我们面前大谈自己的得意之事，我们是不是也会觉得心里不舒服或是很难受，所以我们要学会换位思考——失意人前，不说得意之事。懂得这个道理，拥有了这份情怀，我们才能正确处理人际关系。

直言快语会伤人，委婉说话留情面

在与人交往时，一般而言，直言快语是人的真诚所在，是受欢迎的，但有时候沟通的效果并不佳，轻者损害人际关系的和谐，重者造成麻烦，违背言语交际的初衷。

王蕊是一个心直口快的东北女孩。有一次，她和同事刘静一起去滑旱冰，对方是初学，自然不熟练。出于好心，她便当教练教起对方来。可是在教的过程中，她一会儿说人家“真笨”，一会儿说“你这人看起来挺精明的，怎么学得这么慢”。

气得刘静不客气地说：“你说话可不可以含蓄点儿？”

“什么含蓄，你笨就笨嘛，还不让人说了。真是的。”

就这样，刘静气得转身走了。两个人因此弄得十分不愉快。

直爽、坦诚，虽然不失为一种优点。但如果说话过于直接，任何情况下都实话实说，常常会得罪人，让自己成为不受欢迎的人。特别是在职场中，如果你不掩饰自己的情绪，不管什么场合，也不问对象是谁，不考虑说话会引起什么后果，心里有什么就说什么，直来直去，想说啥就说啥，结果就会在无意中得罪了别人。所以，不讲究方式的直言快语，往往会带来不良的后果。

在语言表达中，有的时候直来直去地说话并不能取得很好的效果，而是需要采取“迂回”的手段来达到说话的最终目的。对于不宜直言的问题，绕个弯儿说话，有时会让自己化险为夷，起到意想不到的效果。善于运用此法的人，既不得罪人，又达到了自己的目的，可谓是做人的大智慧。

有一次居里夫人过生日，作为生日礼物，她的丈夫皮埃尔用一年的积蓄买了一件名贵的大衣送给爱妻。当居里夫人看到丈夫手中的大衣时，她既感激丈夫对自己的爱，又要说不该买这样贵重的礼物，因为那时试验正缺经费。

爱怨交集之下，她婉言道：“亲爱的，谢谢你！谢谢你！这件大衣确实是谁见了都会喜爱的，但是我要说，幸福是内涵的，比如说，你送我一束鲜花祝贺生日，对我们来说就好得多。只要我们永远一起生活、战斗，这比你送我任何贵重礼物都要珍贵。”这一席话使丈夫皮埃尔认识到花那么多钱买名贵的大衣做礼物确欠妥当。

事实表明，委婉的话有礼貌，比较得体，听了轻松自在，愉快舒畅，而直言不讳刺激性大，容易伤害对方的自尊，得罪人，造成许多矛盾。俗话说："良言一句三冬暖，恶语伤人六月寒。"同是讲真话，委婉大概属于"良言"，直言不讳的话虽不一定算是恶语，但在某些人听来很逆耳，跟恶语差不多。我们提倡忠言不可逆耳，理直不可气壮。就是说，"忠言"和"理直"都要注意用恰当的方式表达，不可图一时说话痛快。

任何一种意思都可以含蓄隐晦地表达，与人说话时，言语不可太直，否则会招惹对方不快。所以，在与人交往的过程中，我们要学会说话"绕弯儿"，这样才不至于冲撞对方，才会讨得对方的喜欢。

得理之时也"饶"人，让人三分也无妨

生活中，有些人争强好胜，常常犯"得理不让人"的毛病。只要自己占一点儿理，就把事情复杂化，小事变大事，搞得对方下不了台，造成人际关系恶化。其实，

这又何必呢？这样做虽然发泄了情绪，却让人对你敬而远之，得不偿失。中国有句俗语：有理也要让三分，得饶人处且饶人。得理饶人，更容易解决矛盾，平息纷争，赢得良好的人际关系。

在一个西餐厅里，一位顾客大声喊来服务员，并指着面前的杯子，生气地说："你看！你们的牛奶是坏的，把我一杯红茶都糟蹋了！"

"真对不起！我马上给您换一杯。"服务员一边道歉，一边撤走了碟子和杯子。

不一会儿，服务员端来了新的红茶，碟子和以前一样，仍旧放着新鲜的柠檬和牛奶。服务员放下红茶时，轻声地对顾客说："在您品尝之前，我想建议您，如果放柠檬就不要放牛奶，因为有时候柠檬酸会造成牛奶结块。"

那位顾客的脸一下子红了，匆匆喝完茶，走了出去。

有人笑问服务员："明明是他的错，你为什么不直说他呢？他那么粗鲁地叫你，你为什么不还以颜色？"

"正是因为他粗鲁，所以要用婉转的方式对待；正因为道理一说就明白，所以用不着大声。"服务员说。

那个问话人同意地点了点头。

俗话说："饶人不是痴汉。"很多时候，理直气"和"

比理直气“壮”，更有说服力。对一些鸡毛蒜皮的小事或一些非原则性的问题，得理也要饶人，理直不必气壮，如此不仅可以化解矛盾，更可融洽人际关系。若以理压人，甚至恶语相向，不给对方留余地，结果往往适得其反。

与人交往是一种学问，要想建立良好的人际关系，与他人友好相处，就要时时替他人着想，尽量体谅他人，维护他人的自尊，话不可说尽，事不可做绝。“得理且饶人”就是给对方一条生路，让他有个台阶下，为他留点面子和立足之地。

战国时，楚庄王赏赐群臣饮酒。酒意正浓时，忽然起了一阵大风，将屋内蜡烛全部吹灭。此时，一位喝醉的武将乘灯灭之际，搂抱了楚庄王的妃子。妃子慌忙反抗之际，折断了那位武将的帽缨，然后大声叫楚庄王赶快亮灯捉人。

正当众人准备点灯时，楚庄王高声喊道：“今日欢聚不折断帽缨就不算尽兴。现在大家都把帽缨折断，谁不折断就是对我的不忠，然后我们大家痛饮一番。

等大家都把帽缨折断以后，才重新将蜡烛点上，大家尽兴痛饮，愉快而散。此后，那位失礼的武将对楚庄王感恩不尽，暗下决心，誓死效忠楚庄王。后来，楚庄王亲自率领军队攻打郑国，不料被郑国的伏兵围困住，那位失礼的武将，拼着性命救出了楚庄王。

这就是“有理让三分”的做法，楚庄王的肚量可谓不小。他感化了人心，也赢得了人心，成就了一位誓死也要保护他的猛将。给别人留点余地，也是善待自己。

正所谓，做人留一线，日后好相见。遇事宽容、大度一些，尤其是在得理的情况下，不要揪住别人不放，为彼此保留一份面子，以理相让，解除与对方的隔阂，最后往往会皆大欢喜。

俗话说：冤家宜解不宜结，退一步海阔天空。得理饶人并不是懦弱，而是坦诚地为别人打开一扇宽容的窗户，让对方可以轻松地透口气，同时也让自己有了活跃的空间，毕竟后退一步才能海阔天空。这样，既能收到批评的效果，又能彰显我们做人的大度。所以说，得理也让三分，是一种做人做事的大智慧，谁能做到这一点，谁就能少些麻烦，多些顺畅。

你的虚心请教，会让对方很有面子

真诚地请教对方往往是打开交际大门的一把钥匙，因为在某种程度上，请教就意味着赞美和承认。

一般来说，人都具有好为人师的一面，这是人性的弱点。当你向别人请教问题的时候，就相当于在心理上认同了被请教对象是一个比较高明的人物，或者是一个专业人士，这样做会让对方产生成就感和满足感。

有一次，原一平去拜访一家商店的老板。

“先生，您好！我是明治保险公司的原一平，今天我刚到贵地，有几件事想请教您这位远近闻名的老板。”

“什么？远近闻名的老板？”

“是啊，根据我调查的结果，大家都说这个问题最好请教您。”

“哦！大家这样说我啊！真不敢当，到底什么问题呢？”

“实不相瞒，是……”

“站着谈不方便，请进来吧！”

通常来说，人们不会拒绝一个虚心请教的人，如果你以对方比较擅长方面的问题进行请教，对方更会乐于解答，因为这给了对方一个很好地展示自己专长的机会。这种方法很容易拉近你与对方的距离，有助于交往的顺利进行。

孟子说：“人之患在好为人师。”这句话，说出了人们的一种潜在欲望，就是喜欢充当他人的老师，满足自己的成就感。尤其是在自己擅长的事情上。当你在一个人面前虚心求教他所精通的事情，就能刺激他的表现欲，从而诱导他展开话题。这样既能很好把握对方的兴趣所在，将话题引导到对方感兴趣的地方，也能显示自己的谦卑，暗示对方的博学，给对方自尊心得到最大的满足。

很多时候，请教就相当于赞美。在人际交往中，去赞美对方的能力、知识等高人一等，就是让对方产生一种满足感。

有一位名叫威尔逊的销售员向一家大型连锁公司推销煤炭，但这家公司的经理好像天生讨厌威尔逊，一见面，就毫不客气地呵斥道：“走开，别打扰我，我永远不会买你的煤！”

面对对方的无礼，威尔逊满面羞惭。但是，他不能错过这个机会，于是他赶紧抢着说：“经理先生，请别生气，我不是来推销煤的，我是来向您请教一个问题。”

他诚恳地说：“我参加了个培训班的辩论赛，我想不出有谁比您更了解连锁公司对国家、对人民所做出的巨大贡献。因此我特地前来向您请教，请您帮我一个忙，说说这方面的事情，帮我赢得这场辩论。”

威尔逊的话一下子引起这位连锁公司经理的注意，他对展开这样一场辩论，既感到惊讶，又极感兴趣。对经理来说，这也是在公众面前树立连锁公司形象的最好时机，他必须为威尔逊提供有力的证据。他看到威尔逊如此诚恳，并将自己作为公司的代言人，非常感动。他连忙请威尔逊坐下来，一口气谈了近两个小时。

结束交谈后，威尔逊连声道谢，起身告辞，经理起身送他，并预祝威尔逊在辩论中取得胜利，欢迎威尔逊下次再来。

这位经理的最后一句话是："威尔逊先生，请在春末的时候再来找我，那时候我们需要买煤，我想下一张订单买你的煤。"

威尔逊先生做了些什么？他根本没提推销煤的事，他只不过是向经理请教了一个问题。这个事例告诉我们，要想别人帮自己办事，就要想法子满足他的虚荣心，精通人情世故的人都要懂得这种微妙的心理。以谦逊的姿态向对方请教问题，满足对方的教导欲，这样沟通起来将会事半功倍，有利于对方答应你的请求。

"三人行必有我师。"其实，任何人都会有一些值得我们学习的地方，我们只需要通过仔细的研究，认真地把它挖掘出来，并真心地加以请教，就会受益无穷。

第五章

学点儿处世智慧，才不会四处碰壁

学会快速适应新环境

英国生物学家达尔文在艰辛付出后，创立了“物竞天择，适者生存”的进化论原理。它给我们的重要启示是：要想生存发展，首先要适应环境。在生物进化过程中，只有那些最适合于周围环境的生物才能生存下来，其他的都被淘汰了。这条理论不仅适用于动物界，同样适用于人类社会，它也能够用来解释各种社会现象。

有一次，孔子到吕梁山游览，那里瀑布几十丈高，水花远溅出数里，却看见一个男人在那里游水。孔子认为他是有痛苦想投水而死，便让学生沿着水流去救他。而那男子却在游了几百步之后出来了，披散着头发，唱着歌，在河堤上漫步。

孔子赶上去问他：“刚才我看到你在那里游，以为你是有痛苦要去寻死，便让我的学生沿着水流来救你。你却游出水面，我还以为你是鬼怪呢，请问你到那种深水里去有什么特别的方法吗？”

他说：“没有，我没有方法。我起步于原来本质，成长于习性，成功于命运。水回旋，我跟着回旋进入水中；水涌出，我跟着涌出于水面。顺从水的活动，不自作主张。

这就是我能游水的缘故。”

孔子说：“什么叫作起步于原来本质，成长于习性，成功于命运？”

他回答说：“我出生于陆地，安于陆地，这便是原来本质；从小到大都与水为伴，便安于水，这就是习性；不知道为什么却自然能够这样，这是命运。”

上文中的那位男子让自己适应水流，而不是让水流适应他，所以他是一位善泳者。正所谓“适者生存”，这就是人类一切问题的答案。

达尔文曾经说过：“不要期待环境为你而变，而要争取尽快地改变自己来适应环境。”一个人不可能去改变社会，如同动植物不能改变自然环境一样，只有通过进化去慢慢适应。生活中，我们每个人都会遭遇恶劣的环境，既然我们没有办法改变，何不试着去适应呢？这是一个适者生存的时代，只有学会适应社会环境，个人才能生存和发展。要知道，一个人不可能总是生活在同一个环境中，即使是生活在同一个环境中，环境也会时常发生变化，如果不会适应环境的变化或者适应不了新环境，则只能被淘汰，或归于失败。

一家海事公司在招聘船员时，通过一个很小的细节考察了船员的环境适应能力。当时，共有 6 个面试者。考官故意把面试者的位置安排在空调下，而且将其功率开得很大。结果，其中5个面试者都无法忍受长达3个小时的面试，只有一个人坚持到了最后。当面试结束时，主考官说："船员是一个特殊的职业群体，长期离家工作生活，船上的水文、气象和自然环境变化大，还长期机器雷鸣、需要值夜班……船上的生活环境和工作场所与陆地的迥然不同，所以只有能够适应环境，敢于接受挑战，并且能够以愉快的心情去面对压力的人才会被我们录用。欢迎你加入我们！"

这个故事告诉我们，适应环境的能力是必须的，因为只有从容地适应环境，才能更好地迎接挑战。

科学技术的飞速发展，让现代社会的竞争变得日益激烈，如果我们想在竞争中生存下来，就要学会适应周围的环境，养成良好的适应性，找到适合自己的生存法门。只有这样，才能更好地在这个社会生存。

任何人都不可能一直生活在自己意愿的环境中，当生存的环境变得越来越艰难时，我们要懂得改变自己去适应它。如果环境不利于我们，我们还要强行让外界适应我们的话，就可能会花费巨大的代价。所以说，与其试图让改变环境适应自己，不如改变自己去适应环境。当你从这样的认识出发，面对现实，千方百计改变自己，你就会发现，在改变自己适应环境的同时，环境也会逐渐随了人愿。

面对不利，首先要学会忍耐

世上所有的成功都离不开忍耐。很多人只看到成功人士成功后的辉煌，却并不了解，在走向成功的道路上伴随始终的正是忍耐。

古人说："忍人之所不能忍，才能为人所不能为。"当一个人选择的目标确定之后，除了审时度势，顺势而为外，必须学会忍耐。许多人干成事业，许多大人物成就伟业，忍耐的性格和品质起着一定作用。

很多人认为"忍耐"是没出息，是忍气吞声。这显然是对"忍耐"的误解。真正的"忍"绝不是无原则的退让、放弃，委曲求全，而是对人宽容、对己的克制和约束，以及更深远的考量与权衡。

忍，其实是一种人生智慧的力量。它不是一个抽象的概念，关键要在具体环境里，能理智地区分什么重要，什么不重要；什么是原则问题，什么是非原则问题；什么必须现在解决，什么可以暂缓解决。忍耐能让人获得机会，争取更大的空间。

古河市兵卫是日本有名的实业家，他早年曾受雇于高利贷者，当收款员。有一次，古河前往一个借贷者处催着要钱，对方以淡漠、不理睬的态度对待他。当时，天色已晚，借贷者干脆熄灯睡觉，让古河一个人在那儿干坐，就像没有他这个人。古河不为所怒，静静地坐在那里，忍冻挨饿一直乖乖地等到天亮。第二天清晨，古河端坐如初，脸上照旧堆满笑容，没有露出一丝怒意。对方被古河的耐性所感动，态度为之一变，恭恭敬敬地把钱还给了他。

古河这种认真随和而又富有耐性的态度，老板大为欣赏。后来，经过多年的摸爬滚打，他在商界逐渐崭露头角，并成为成功的企业家。

1871年，日本政府要出售足尾铜矿的消息在商界传播开来，但是商人们都大摇其头。因为这个铜矿已经开采了200多年，彼时产量明显下降，没有什么盈利空间。但古河却一意孤行，多方奔走借贷，于1877年买下了足尾铜矿。许多人认为足尾铜矿井是一个早已为他人放弃的废矿井，如果接手肯定会赔得倾家荡产。因此，他一开始掘凿，人们就不断嘲笑，认为得不偿失，视古河为疯子。然而，古河不为人所动，靠耐心和意志，跟矿工们一起日夜辛苦地挖掘，但结果十分令人失望。

一次失败，他没灰心。他又从西欧引进新技术，买进新机器，接着再干。他在挖掘新矿坑时受了伤，但他并没有因此而打退堂鼓，伤还未完全好就出现在矿坑现场，继续苦干。两年过去了，资金天天减少，但却不见铜的影子。古河一点儿也不气馁，面对困境，咬紧牙关，抱定死在矿山的决心，跟矿工们同甘共苦，每天挖掘不止。经过4年艰苦奋战，终于挖出了铜矿，完成了别人认为不可能成功的事。

当有人问古河成功的秘诀时，他说："我认为发财的秘方是'忍耐'两个字。有忍耐的人，一定能够得到他所要的东西。"

忍耐是对成功有信心的表现。成功和失败只有一步之遥，在艰难困苦、恶劣环境面前，谁能忍受，并在绝境中抗争，谁就是胜利者。学会忍耐，没有一件东西能阻挡住你的前进之路。

成大事的人都有忍耐的能力。在忍耐的过程中，有嘲笑，有不理解，也会有侮辱，然而这些都不会把他们压垮。因为他们知道：小不忍则乱大谋。动辄出气的人虽然可以解除一时的心理压力，但从长远来看，他会断了自己的事业。

忍不是忍气吞声，息事宁人，而是达到人生中的某种目的，避免感情用事的一种思想方法。忍耐并非无原则的退让，实乃志存高远的坦荡，不以小事而迷失，不以琐碎而忧心，心中只有大目标，为了向目标靠近，可以忍耐无谓的羁绊。这就是忍耐的智慧所在。

懂得忍耐有利于成就事业，意气用事只会错失良机。人的一生当中会遇到很多问题，如果你能忍第一个问题，你便学会了控制你的情绪和心志，以后碰到大的问题，自然也能忍，也自然能忍到最好的时机再把问题解决，这样才能成就大事业！

低头示弱，为的是以后成功

所谓示弱，从某种角度上说就是忍耐、退让、宽容。“临渊羡鱼，不如退而结网。”有时，适当适时的示弱和退守，正是为了取得更大的进步。客观世界是复杂多变的，就某个具体的事情来说，有其“时”“势”的问题，在某些特定的时间里、环境下，选择以退为进的示弱方法，也是一种积极的人生策略，而并非是消极退让。

有一个学校举行智力竞赛，校长对参加决赛的6名选手说：“我现在把你们分别关在6间教室里，门外有人把守。我看你们谁有办法，只说一句话，就能让门卫把你放出来。不过有两个条件，一是不准硬闯出门，二是即便放出来，也不能让门卫跟着你。”

3个小时过去了，仍没有一个人发出声响。有个学生很惭愧地低声对门卫说：“叔叔，这场比赛太难了，我不想参加这场竞赛了，请您让我出去吧。”

门卫听了，打开房门让他走了出来。然而走出大门的小家伙随即又回来了，他走到大厅里对校长说：“校长，您看，按您的要求，我办到了！”

校长高兴地说：“好孩子，你确实是这次竞赛的胜利者！”

可见，适时地示弱和退守是一种灵活机动的战略战术，懂得进退，方能出奇制胜。俗话说，退一步海阔天空，为了更好地前进而后退，不是胆小鬼的懦弱，而是聪明人的智慧。

在强手如林的社会竞争中，我们常因争强好胜，忽略了示弱，而使自己举步维艰。其实，有时候，一味地硬冲硬打未必是一种最好的方法，示弱和退让才是一种人生的策略。

有一天，刘艳和朋友聊天，朋友问：“你和你老公是如何保持幸福婚姻的？”刘艳说：“学会示弱和退让。”朋友有些不解。刘艳解释道，要想家庭幸福，必须有一方主动示弱。如果两人都示强，就会天天吵架。朋友继续问：“你是怎么‘示弱’的？”刘艳说，让丈夫感觉到自己是家庭的强者，处于核心地位。多装一些糊涂，让丈夫觉得她需要照顾，需要丈夫的呵护，需要丈夫这个主心骨；多担待一些，给丈夫时间，让他去学习和工作，贮存继续发展的能量。即使哪个月的收入比丈夫多，也不会去炫耀，不会给丈夫压力。难怪刘艳和丈夫已经结婚多年，但两人的感情依旧如初，这与刘艳的“示弱”是分不开的。

有时，学会适度示弱，能达到逞强无法达到的效果。向人示强是人人都会的，向人示弱却是少数人才会的。因为这更需要智慧和勇气。生活中，一个懂得适度示弱的人，才显得真实、诚恳、可爱。

有名家曾说，人不应该示强，而应该示弱，这才是最高的做人境界。示弱，从表面上来看给人以一种懦弱和畏惧的感觉，但事实上并非如此，有时，适当的示弱，也是一种做人的哲学，是人生的大智慧、大境界。生活中向人示弱，我们可以小忍而不乱大谋；工作中向人示弱，我们可以收敛触角并蓄势待发。强者示弱，可以展示你的博大胸襟，赢得更多人的喜爱。弱者示弱，可以让你变得愈发强大，在未强大之前，而不让你四面受敌伤痕累累。

总之，示弱，是一种心态，是一种境界，更是一种大智慧，它会赋予我们平和的生活态度，也会让我们更多地发现生活的美好。

方圆处世，你会更受欢迎

古代的铜钱为什么做成外圆内方？因为古人有一个非常朴素的道理，一个人只有学会外圆内方的时候，你才能有很好的人缘，大家才会喜欢你。

何谓方圆之道？方，是规矩，是框架，是做人之本；圆，是圆融，是老练，是处世之道。无方，世界没有了规矩，便无约束；无圆，世界负荷太重，将不能自理。为人处世，当方则方，该圆就圆。只有方，不知圆，便容易处处碰壁；只知圆，不知方，便易陷入孤立无援的境地。只有做到方外有圆，圆中有方，方圆相济，人际关系才会和谐。

在现实中，一个人如果过分方方正正，有棱有角，必将会碰得头破血流；但是一个人如果八面玲珑，圆滑透顶，则会给人华而不实的感觉。因此，做人必须方圆有度，刚柔并用。

掌握方圆之道，是一种人生智慧。要成功地驾驭“方”与“圆”，关键的是个人要求之于自身，把圆与方结合起来，做到当方则方，当圆即圆，方圆有度，就一定能把人做好，把事办好。

张咏是北宋太宗、真宗两朝的名臣，曾两次督蜀，政绩显著，深得民心的喜欢，太宗曾赞叹地说：“咏在蜀，我无西顾之忧了呀！”

张咏第一次去四川赴任时，恰好赶上了当地暴乱，朝廷派遣王继恩、上官正两人领兵前来平叛。然而，两个人一到当地并没有出兵，而是开始花天酒地地享乐起来，对部下也不约束，以至兵卒到处奸淫抢掠，什么坏事都做。作为蜀郡的执政长官，张咏只有管理当地治安的权力，而对平叛的军队没有管理的权限。所以，他就下了一道律令，凡是扰民者，一律按暴徒当场斩首。并将律令张贴各处，让人尽知。

律令刚发下去的当天，张咏的部下便捉了几个抢掠财物的兵卒，问张咏应如何处理，张咏对部下说：“你只要按照命令行事就行，不要报到我这里。我可是什么都不知道啊！”部下心领神会。原来，张咏为了要维持好治安，但又不想得罪王继恩和上官正，因此才下的这道律令。如果王继恩、上官正两人一旦讨要说话，自己也好推说不知。果然，第二天，王继恩就找上门来，责问张咏说：“你的部下有什么权利杀死我的士兵？”张咏假装吃惊地说：“王将军，这件事情我不知道啊！请你不要生气，事后我一定要查清此事！”接着张咏又说道，“听说有些兵卒胡作非为，什么事情都做，要是部下按律令把他们当成暴徒处治了，我也一点办法都没有啊！”王继恩看到张咏一脸正气，又不敢发作，只得不了了之。但是城内的治安却突然大有转变，逐渐好起来了。

又过了一段时间，王继恩和上官正仍然没有出兵的意思。张咏想：如果向朝廷汇报此事，必然会得罪这两个人，而且事情可能会变得更糟。于是，他想出了一个办法。有一天，张咏在军帐中设盛宴款待王继恩和上官正两人。张咏说：“知道我今天为什么要宴请二位和诸将校吗？我今天为二位摆下的是饯行酒啊！”王和上官两个人听了，一头雾水，不理解他的意思，正待相问，只见张咏却抛开了二人，端着酒杯对帐下的军校们说：“今天我在这里为诸位饯行，你们蒙受皇恩，为国效力，就在这个时候，正是大家推卸不掉的责任啊！诸位此行，随二位将军，当直抵寇垒，平荡丑类。建功立勋，以报皇恩；假如在此地一直就这样耽搁下去，老是旷日，朝廷怪罪下来，此地还是你们的死所啊！”一番话，说得众军校激昂慷慨。王继恩和上官正看到了这样的形势，知道他表面上是在激励众将士，但话的潜台词却是在严责自己啊！二人自知理亏，也只好顺势而下，一起齐声道：“今日蒙张蜀督相送，明日定当直捣贼窝。”第二天，二人便整军出征，领兵深入，果然获得了胜利。

平息暴乱后，王继恩和上官正将参加叛乱的人押到益州，准备以此邀功，但张咏却立即向朝廷提出了意见，速下赦令，使其尽快各归其家，以彰显皇恩浩荡。王继恩和上官正两个人都十分生气，张咏解释道：“昔日贼寇扰掠之际，百姓有一大部分都是被迫才肯胁从的，我们把贼首杀害了，其余的便应以平民待之，这样可以安抚民心，使其各归其家，安心种田，休养生息。正是昔日李顺协民为贼，今日我等还贼为民啊！还有比这更大的功劳吗？如果杀之，则藏匿在山中的人必不敢回家，时间长了必然会再生变。这哪是你我所期待发生的事呢？”一番语重心长的话，把两个人说得心服口服，直点头称是。

从上面的事例可以看出，张咏办事总是在不失原则性的状况下，灵活地把所有的事情都处理好。这都是得益于他方圆处世的智慧。

方为做人之本，圆为处世之道。圆有余而方不足，则缺乏做人应有的骨气、正气；圆不足而方有余，则刚，脆易折，难免经常碰壁。方圆结合，才能做到游刃有余。因此，真正的“方圆”之人是大智慧与大容忍的结合体，有勇猛斗士的武力，有沉静蕴慧的平和。

总之，一个人要想成就成功的人生，无论做事还是做人，无论对人还是对己，都要园内有方，方中有圆；都要方中做人，圆中归真。这就是方圆之道，这就是处世之哲学。

与人交往，要懂得换位思考

在人与人之间的交往中，有一种处理人际关系的思考方式——换位思考。简单地讲，就是互相宽容、理解，多去站在别人的角度上思考，它是一种理解，也是一种关爱，更是人与人之间交往的基础。

换位思考看似非常简单，然而在实际生活和工作中却很难做到。很多人在处理问题的时候，总是立足于自我的立场，考虑更多的是利益和需要，却总是很少关心他人的需要，更别说是从别人的立场来看问题了。这样就造成了人际沟通中的理解发生障碍和阻塞。如果想要很好地与他人相处，其实很简单，换个角度去思考问题，站在他人的角度，多为他人想一想，也许很多事情就会有很大转机，就会有不一样的结局。

有一段时间，卡耐基租用一家大旅馆的礼堂授课。一天，他刚准备授课，忽然接到通知，房主要他付比原来多3倍的租金。此时入场券早已发出，其他准备开课的事宜都已办妥。

两天以后，卡耐基找到经理说：“我接到你们的通知时，有点震惊。不过，这不怪你，假如我处在你的位置，或许也会写出同样的通知。你是这家旅馆的经理，你的责任是让旅馆尽可能地多盈利。不过，让我们来合计一下，增加租金，对你是有利还是不利。

“先讲有利的一面。大礼堂不出租给讲课者而是出租给举办舞会、晚会的人，那你可以获大利了。因为举行这类活动的时间不长，他们能一次付出很高租金，比我这租金当然要多得多。租给我，显然你吃大亏了。

“现在，来考虑一下不利的一面。首先，你增加我的租金，由于我付不起你所要的租金，只好离开，这样一来，你的收入反而降低了。还有，我的这个训练班将吸引成千的有文化、受过教育的中上层管理人员到你的旅馆来听课，对你来说，这难道不是免费的活广告吗？事实上，假如你花 5000 元钱在报纸上登广告，你也不可能邀请到这么多人亲自到旅馆参观，可我的训练班给你邀请来了。这难道不合算吗？请仔细考虑后再答复我。”

卡耐基讲完后告辞了。这家旅馆经理最后让步了。

卡耐基并没有说一句他想要什么，他的成功在于他始终站在对方的角度想问题。

一味地从自己的角度考虑，不管别人的感受，是不可能得到他人的理解与认同的。可以设想，如果卡耐基气势汹汹地跑进经理办公室，与之辩论，即使他能够辩得过对方，旅馆经理的自尊心也很难使他认错而收回原意。

其实，人的认识难免受到主观认识等诸多条件的限制，如果不能冲破这些条条框框的限制，就很难得到正确的认识。以“换位思考”的方式与人进行沟通就可以帮助我们在一定范围和条件下克服这种局限性，即跳出原有的认识圈子，站到对方角度和立场上去观察、体会和分析问题，从而转变原有不正确的认识。

换位思考是人与人之间的一种心理体验过程，当你学会站在对方的立场上体验和思考问题，与对方在思想上进行沟通，那么你就能够学会理解他人、宽容他人，遇事化干戈为玉帛，化消极为希望。只有做到了这一点，你在工作和生活中，才能减少矛盾，避免误解，放松心情，胸怀坦荡地过好每一天。

人生在世，凡事不妨将心比心，自己不想做的就不要勉强别人，设身处地为别人想一想。正所谓：“己所不欲，勿施于人。”站在别人的角度考虑问题，多一分理解，多一分真诚，生活会更好。这是人际交往中的黄金法则。

有一种智慧叫作变通

俗话说得好:“东边不亮西边亮。”“条条大路通罗马。”取得成功的方法很多，不一定非得在一棵树上吊死。梁启超也说过：“变则通，通则久。”知变与应变的能力是一个人的素质问题，也是为人处世的一种智慧。

所谓变通，就是指在处理各种事物时要善于变化和选择而不是墨守和拘泥，从而达到变则通、通则灵、灵则达、达则成的理想效果。曾经有一个老和尚问小沙弥：“如果你进一步则死，退一步则亡，你应该怎么办？”小沙弥毫不犹豫地回答说：“我往旁边去。”往旁边去！多么显而易见的答案啊。也许这个道理人人都懂，然而在生活中，人们却常常忘记这个道理。

孔子与弟子云游于郑，被反对儒学的一个权贵抓住，要求他们立刻离开郑地，并且保证再也不传播儒学，不然杀头。弟子都很为难，只见孔子毫不含糊地当场保证，而后立刻上路。但当他们一离开郑，就马上着手进行讲学事宜。弟子很不解地问孔子：“老师不是教我们讲诚实信用吗？既然已经保证了不再讲学……”孔子哑然笑了：“请问儒学有没有错？没有。那么郑人的要求是无理的，对无理之人就应该用无理的办法，对与无理之人的约定就不必那么认真了。”

做人行事，都要懂得变通之道。当你的行为方式和成功相悖的时候，变通才可以让你更好地通向成功。

变通，就是以变化自己为途径，通向成功。在外界条件相差无几的时候，大凡能够取得成功的人都是善于变通之人。因为对于善于变通的人来说，生活中从来都不会出现克服不了的困难。很多时候，在一些人看来也许事态是根本无法改变的，认为这是宿命的绝对，结果自然只有失败；然而，对于善于变通者来说，他们想得更多的是怎样去改变现状，自然而然地，他们终将迎来自己唯一的归宿，那就是成功。

19 世纪中叶，美国加州传来发现金矿的消息。许多人以为机不可失，失不再来，纷纷奔赴加州。17 岁的小农亚默尔加入了这支庞大的淘金热的队伍。他历尽千辛万苦赶到加州，经过一段时间，他同多数人一样，没有挖到一两金子。淘金梦是美丽的，山谷中的艰苦生活却难以忍受。特别是气候干燥，水源奇缺，寻找金矿的人最痛苦的是没有水喝。许多人一面寻找金矿，一面不停地抱怨。

“谁让我喝一壶凉水，我情愿给他一块金币。”

“谁让我痛饮一顿，我给他两块金币。”

“老子出三块金币。”

大家你一言我一语地发完牢骚后又继续挖掘起金矿来。亚默尔却想：如果将水卖给这些人喝，也许比挖金矿能更快找到钱。于是，他毅然放弃找金矿，将手中的铁锹由挖金矿变成挖水渠，从远方将河水引进水渠，经过细纱过滤，成为清凉可口的饮用水。然后他将水装在桶里，运到山谷一壶一壶卖给找金矿的人痛饮。当时有人嘲笑他胸无大志，千辛万苦赶到加州来，不去挖金子发大财，却干这种蝇头小利的买卖。这种小生意在哪里不能干，何必老远跑到这里来，亚默尔毫不介意，继续卖他的饮用水。结果，许多人深入宝山，空手而回，有些人甚至忍饥挨饿，流落异乡，而他在很短的时间内靠卖水赚到了6000美元。当时这是一笔很可观的财富了。

上例中的亚默尔正是学会了变通，不执着于很多人已尝试过的失败的事物上，而是在同一种情况下转换思维寻求商机。他以改变自己为途径通向成功，这一点，往往是会被很多人忽视的。所以说，成功往往是属于少数善于变通之人的。只要我们放弃盲目的执着，选择理智的改变，就可以化腐朽为神奇。如果你渴望成功，那么就要试图去变通，或者是改变外界条件，或者是改变自己的思路。

这个世界上没有什么是一成不变的。寻找巧妙方法将困难化解于无形，是每一个善于变通者的通用法则。“变则通，通则久。”有了这样的变通能力，人生往往会出现另一种风景。

即使有才能，也要记得隐藏几分

一个人有才华是一件值得骄傲的事情，它有助于一个人成就事业、创造辉煌，但如果为人处世不懂得隐藏，反而把才华当作傲人的资本就不能说是一件好事了。俗话说“满招损，谦受益”，才华出众而又喜欢自我夸耀的人，很容易招致他人的反感，暗中吃大亏而不自知。有锋芒也有魄力，在特定的场合显示一下自己的锋芒，是很有必要的，但是如果太过，不仅会刺伤别人，也会损伤自己。做大事的人，过分外露自己的才能，只会招致别人的嫉妒，导致自己的失败，无法达到事业的成功。

祢衡是东汉末年名士，自幼聪明伶俐，博学多识，但是性格刚直高傲，喜欢指摘时事、轻视别人。当时，有人建议他说去投靠陈群、司马朗等人。祢衡竟然说，我怎么可以去和杀猪卖肉的人结交。

祢衡的一生有一个好友，这个人就是孔融，孔融很器重祢衡的才华和抱负，就把他推荐给曹操。谁知，祢衡却不领情。他不但托病不见曹操，而且出言不逊，把曹操臭骂了一顿。曹操虽然恼怒，但是顾忌他的才华却没杀他，听说祢衡擅长击鼓，就任命他为鼓吏。

有一天，曹操大宴宾客，令祢衡站在厅前打鼓助兴。

祢衡上场径直来到曹操面前停下，下吏呵责他，这时，祢衡当着众宾客的面，在大厅之上脱光了所有衣服，赤身裸体地站着。曹操大怒：“你怎敢在朝堂之上，赤身裸体地污辱大臣，失礼天下？！”祢衡哈哈大笑：“欺君犯上才是失礼。我暴露出父母给我的本来面目，有什么不光彩？你敢把你的里里外外全不掩遮地暴露在众人眼前吗？！”接着不容曹操答话，就一面击鼓，一面历数曹操的罪过丑行，痛快淋漓地骂了起来。

曹操怒视祢衡良久，忽然笑了笑：“我马上派你到刘表处，作为我的专使劝他来降。你有才华，曹某也最重天下人才。等你完成这个任务回来，我可以让你做公卿，以示我求贤若渴之诚意。”

祢衡并不称谢，受命而去。祢衡到了荆州刘表处，仍是一派名士风度，狂妄自大，对刘表也讽讥、责骂，一如既往。刘表很恼火，便让他再去另一个地方军阀黄祖处。

祢衡初到黄祖那里，也受到了善待，并委以文书工作。然而不久，祢衡狂妄自大的老毛病又犯了，在一次酒醉之后，他出言不逊，使黄祖很难堪，黄祖一动怒，就砍了他的头，死时才26岁。

祢衡的确有才，但恃才傲物，终招杀身之祸，这不能不说是一个大教训。

做什么事情都不要锋芒毕露，适当表现一下，偶尔露一下锋芒，可以给别人留下一个良好的印象；但是一定要把握好度，为人处世不可做得太绝。正所谓：枪打出头鸟。一个人如果太突出、太优秀，让多数人显得平庸，本身就已很容易遭人暗算了。如果再不谨言慎行，而是露才扬己，张扬行事，往往会面临危险的境地。所以说，恃才傲物是做人一大忌。如果你不能改掉这个习惯，那么总有一天你会独吞苦果！

现实生活中有很多聪明能干的年轻人，依仗着自己的才华不可一世，最终以失败收场。如果要想避免遭受挫折的命运，谦虚谨慎是非常重要的一步。要懂得先保护自己，这样才能保存实力，成就自己的事业。

正所谓“花要半开，酒要半醉”。当你志得意满时，且不可趾高气扬，目空一切，不可一世，否则就会被别人当靶子打。所以，无论你有怎样出众的才智，也一定要谨记：不要把自己看得太了不起，还是收敛起你的锋芒，掩饰起你的才华吧！

有时，吃亏的事也会变成有利的事

在人生的历程中，吃亏和受益是互为存在、相互转换的。一个人不可能事事都受益，有些事情当时即使真的受益了，最终导致的结果仍有可能是吃亏；而有些事情表面上看，可能是吃亏了，但事后仍有可能会出现一个受益的结果。

汉武帝时期，有个在朝官吏叫主父偃，时任郎中。他为人忠厚老实，遇事谦虚礼让，在朝野中人缘不错。有一年临近除夕，皇上赐给群臣每人一只外番进贡的活羊。

具体分配时，负责人犯了愁：因为这批羊有大有小，肥瘦不均，难以分发。大臣们纷纷献策：

有人主张把羊通通杀掉，肥瘦搭配，人均一份；

有人主张抓阄分羊，好孬全凭运气……

朝堂上像炸开了锅，七嘴八舌争论不休。这时，主父偃说话了："分只羊有这么费劲吗？我看大伙儿随便牵一只羊走算了。"说完，他率先牵了最瘦小的一只羊回家过年。

众大臣纷纷效仿，羊很快被分发完毕，众人皆大欢喜。就这样，摆在大臣们面前的一道难题一下子就迎刃而解了。从此，他也赢得了众大臣的尊敬。

后来，这件事传到汉武帝的耳中，汉武帝很是欣赏，他又被朝廷提拔为中大夫。这位大臣既得到了众大臣的尊敬，又得到了皇帝的器重。对于这位大臣来说，吃亏不正是福吗？

吃亏是福，关键在于心，在于不计较小小得失，在关键时候有敢于吃亏的气量，这不仅体现你大度的胸怀，同时也是做大事业的必要素质。小处吃亏，大处受益，暂时吃亏，长远受益。如能将个人的得失置之度外，便可宽心自如地对待周遭的人与事，时时从大局着眼，从长远利益考虑问题——这就是智者的选择。

但现实生活中，能够主动吃亏的人实在太少，这并不仅仅因为人性的弱点让人很难拒绝摆在面前的诱惑；更是因为大多数人缺乏高瞻远瞩的战略眼光，不能舍弃眼前小利而争取长远利益。喜欢占便宜是每个人潜在的心理，你吃一点亏，让他人占一点便宜，那么你就会被人喜欢，人人都会把你当成是生活中最要好的朋友，愿意与你交往，当你遇到困难的时候，他们也会主动地走过来帮你一把。

吃亏是福，但并不是说要你一味吃亏，因为吃亏也是有技巧的，会吃亏的人，亏吃在明处，便宜占在暗处，让你占了便宜别人还对你感激不尽，这是为人处世的智慧。

有一位温州商人刘老板，他在广东东莞市开了一家机电设备公司。有一次，一个老客户来买电器配件，遗憾的是，刘老板找遍了公司的库存，就是没有这个配件。但是，这位客户着急得很，因为拿不到这个配件，他所在的企业就面临停工，而停工一天的损失将达到5万多元。

看到客户如此着急，刘老板一边安慰，一边承诺一定在一天之内把货搞到。客户刚走，刘老板便亲自开车直奔深圳供货方。谁知，深圳没有货了。没办法，他只好连夜乘飞机回杭州，然后再打车赶往温州老家。回来折腾一番已经是清晨四五点了。刘老板不顾路途疲劳，又在温州联系相关的生产厂家，结果在连续联系了十几个厂家后，终于找到了这个电器配件。拿到电器配件后，刘老板火速打车直奔机场。第二天，当他把货交到客户手中时，客户感动得无法言语。

这次生意对刘老板来说，是一桩赔本生意。因为一个配件才300元，利润也就十几元钱，但是刘老板却付出了好几千元的交通费。从表面上看，刘老板亏了好几千元，但是他却赢得客户的信任。第二天，客户所在的企业就敲锣打鼓地送来了大匾，还带上当地媒体来采访刘老板，宣传他这种一心想着客户的事迹。就这样，刘老板吃亏待人的消息在业内广泛流传，刘老板的生意自然是越来越红火，得到的财富比区区几千元的损失要多得多。

老子说，福兮祸所伏，祸兮福所倚。就是说事物的发展能产生两个极端的转化，世上的任何事情都是有失有得。从上面这个事例可以看出，刘老板表面上吃了点亏，但他却交到了一个朋友，孰轻孰重，明眼人一看就知道了。选择吃亏，虽然意味着“舍弃”与“牺牲”，但那毕竟只是一时的，并且也不失为一种胸怀、一种品质、一种风度。况且，“吃亏是福”，“亏”是我们走向未来成功的助力剂。设想一下，如果上例中的刘老板没有吃亏的经历，之后哪有那么多人找他合作呢？一个人的品质只能从他的行为中体现。舍得吃亏，就是用行动向别人证明，你是一个值得信任与合作的人。

俗话说，放长线钓大鱼。每次你吃亏，都会为自己攒下一笔人情债，开始时的吃亏，实际上是着眼于更大的目标。志向远大的人，断不会为蝇头小利争破头皮，也不会因为吃了些小亏而耿耿于怀。人与人相处，如果一个人从来不吃亏，只知道占便宜，到最后，他很可能成为一个吃大亏的人。

“吃亏是福”是一种处世的智慧。华人首富李嘉诚曾说：“有时看似是一件很吃亏的事，往往会变成非常有利的事。”这就是吃亏是福，这就是现实生活的得失之道。生活中总有一些聪明的人，能从吃亏中学到智慧。

第六章

经营人脉，维护好你的人际关系

多个朋友多条路，朋友多了好赚钱

常言道，一个篱笆三个桩，一个好汉三个帮。自古以来，成就一番事业的人都少不了别人的帮助。朋友是一种资源和资本，很多成功人士都深深意识到了朋友对自己事业成功的重要性。无论你从事什么职业，学会交朋友，友好地与朋友交往，并让朋友成为你事业的伙伴或支持者，你就在成功路上走了 85% 的路程，在个人幸福的路上走了 99% 的路程。因为朋友是你终身受用的无形资产和潜在财富！

有一位创业者刚开始创业的时候，各方面能力都不是特别突出，但是他深知商战规则和人情世故，他明白，只有学会交朋友，才是决胜商战的关键。于是在创业几年时间里，他坚守“情谊制胜”这一原则，广泛结交各类朋友，并与朋友们保持友好的往来，结果他的人生之路越走越宽，最终成就了辉煌的事业。曾与他共事多年的友人这样评价他，在同行业或同辈中，论聪明、论能力，他不是最优秀的，他有事业上的成功，八成以上的因素在于他善交朋友，他很愿意与大家分享，大家才会争相以报，正是由于他善交朋友，才取得了非凡的成就。

朋友越多，人脉资源越丰富，那么你成功的路子就会越广，正所谓，“千金难买是朋友，朋友多了路好走”！

其实，成功的过程本身就是一个不断结交朋友的过程，朋友的多少决定了成功的程度。一个人有多成功，关键要看他服务了多少人，和多少人在为他服务。无论我们干哪一行，或从事何种职业或专业，如果我们有很多朋友，实现成功就很容易；如果我们不知如何与他人相处，那么要实现成功就很困难。所有成功人士都有一个共同点，就是拥有大量的朋友资源，并与其保持着良好的联系。

胡雪岩曾说过“一个人的力量到底是有限的，就算有三头六臂，又办得了多少事？要成大事，全靠和衷共济，说起来我一无所有，有的只是朋友”。的确，有朋友帮助是事业成功的一个很重要的原因，有多少朋友，就打开了多少扇方便之门。一个人的智慧是有限的，精力更有限，所以做一番大事情，做个好汉，那就善于采用别人的帮助。世界上有很多人获得成功，除去环境、机遇和个人能力等因素，是因为他们能处理好人际关系，拥有很多朋友。

感情投资，宜走长线

生活中，人们都有储蓄存钱的习惯，以备不时之需。存钱越多，财富就越多。同样，人脉也需要储蓄，为了维系人与人之间的关系，你可以存入真情、真诚、关怀等超值服务。你的感情账户存入的越多，你与朋友的感情就越深厚。

有一位销售员经常去拜访一位老太太，打算以养老为理由说服老太太购买股票或者债券，为此，他常常与老太太聊天。经过一段时间，老太太就离不开他了，常常请他喝茶，或者和他谈些投资的事项。然而不幸的是，老太太突然去世，这位销售员的生意泡汤了，但仍然前往参加了老太太的葬礼。当他抵达会场时，发现竞争对手另一家证券公司竟也送来了两只花圈，他很纳闷：“究竟是怎么一回事呢？”

一个月后，那位老太太的女儿到这位销售员服务的公司拜访他。据她表示，她就是另一家证券某分支机构的经理夫人。她告诉这位销售员：“我在整理母亲遗物的时候，发现了好几张您的名片，上面还写了一些十分关怀的话，我母亲很小心地保存着。而且，我以前也曾听母亲谈起过您，说和您聊天是生活的快事，因此今天特地前来向您致谢，感谢您曾如此关心我的母亲。”

夫人深深鞠躬，眼角还噙着泪水，又说：“为了答谢您的好意，我瞒着丈夫向您购买贵公司的债券……”然后拿出40万元现金，请求签约。对于这种突如其来的举动，这位销售员大为惊讶，一时之间，无言以对。

为什么会出现这样的情况呢？主要原因是老太太的女儿被销售员的真情所感动，才买下该公司的债券。这个事例告诉我们，只有遵循“情感定律”，你才能牢牢抓住对方的内心。

情感是一种无形的资产，巧妙地运用这种资产，会收到意想不到的回报。你在感情的账户上储蓄，建立人情账户，就会赢得对方的信任，那么当你遇到困难或求人办事，需要对方帮助的时候，就可以得到这种信任换来的鼎力相助。而人情主要来自你以前的积累，来自你以前为现在的情感所做的“投资”。这是中国传统中的礼尚往来，也是操作人情账户的全部精髓之所在。所以，人情账户存储的积累本身就是一笔丰厚的财富，而这笔财富是心与心的互换，是爱与爱的付出，更是金钱买不到也换不走的。

有一家电脑公司的老总十分擅长交际。他长期为一些大型企业提供电脑组装及维护工作，对这些大中型企业的重要人物常施于小恩小惠，以求得到他们的支持。但是这位老总的交际方式与一般人的交际方式的不同之处在于：不仅结交公司要人，对年轻职员也殷勤款待。

俗话说，无利不起早。这位老总并非无的放矢。事前，他总是想方设法就这些企业内各员工的学历、人际关系、工作能力和业绩等，做了一次全面的调查和了解，认为这个人大有可为，以后会成为该公司的要员时，不管他有多年轻，都尽心款待。这位老总之所以如此，是在为日后获得更多的利益做准备。他明白，十个欠他人情债的人当中有九个会给他带来意想不到的利益。

每当有自己认识的某位年轻职员晋升或提干时，他会立即跑去庆祝，赠送礼物。年轻科长自然十分感动，无形中产生了感恩图报的意识。这样，当有朝一日这位职员晋升为处长、经理等要职时，仍记着他的恩惠。因此在生意竞争十分激烈的时期，许多承包商倒闭的倒闭，破产的破产，而这位老总的电脑公司却仍旧生意兴隆，其原因之一就是他平常人际关系中感情投资多。

中国有很多关于以心换心、以情动情的民谚：“投之以桃，报之以李”“你敬我一尺，我敬你一丈”等等，说明付出了总会有收获。很多时候，你在为自己人情账户储蓄的同时，被帮助的人也会牢牢记住你给予的帮助与恩情。因此，把你当成一辈子都不敢忘记的人来报答。当你遇到困境需要帮助的时候，开启你人情账户的密码，只有你开口甚至不需要开口，你曾经帮助过的人一定会在关键的时刻站出来，同样会帮助你渡过难关并走出困境。

人们常说：世上的钱债易还，人情债难还。的确，金钱的债务无论多少都有个数目，而感情的债务却无法用冰冷的数字来衡量。讲究情义是人性的一大弱点，中国人尤其如此。所以，无论是交朋友还是做生意，都要学会从情感投资着手，虽然短时间里不见得有多少回报，但长远来看，这种投资肯定比股票的投资收益要大。如果你能悟透其中的奥妙，不失时机地付出自己的感情投资，往往会收到良好的效果。

记住新朋友的名字

在和人交往的过程中，记住对方的名字很重要。只要能够记牢对方的姓名，就可以快速拉近彼此的距离，使对方对你产生良好印象。如果你想建立良好的人际关系，那么你就要记住别人的名字。

美国一位学者曾经说过：“一种既简单但又最重要的获得好感的方法，就是牢记住别人的姓名，并且在下一次见面时喊出他的姓名。”名字作为每个人特有的标识，是非常重要的。对一个人来说，自己的名字是世界上听起来最亲切和最重要的声音。它不但能使你获得友谊、达成合作，而且能立即拉近彼此的距离，使对方感到你在关心他、喜欢他，使他愉快和欣慰，从而为你打开一条通往成功的路。

推销员约翰逊曾经遇到一个名字非常难念的顾客。他叫康伯巴奇·本尼迪克特，别人因为记不住他的名字，通常都只叫他“本尼”。而约翰逊在拜访他之前，特别用心地反复练习了几遍他的名字。当约翰逊见了这位先生以后，面带微笑地说："早安，康伯巴奇·本尼迪克特先生。"

"本尼"简直是目瞪口呆了。过了几分钟，他都没有答话。最后，他热泪盈眶地说："约翰逊先生，我在这个小镇生活了35年，从来没有一个人试着用我的真正的名字来这么称呼我。"当然，康伯巴奇·本尼迪克特成了约翰逊的顾客。

善于记住别人的姓名是一种礼貌，也是一种感情投资，在人际交往中会起到意想不到的效果。记住别人的名字，可以让你从心理上缩短和他人之间的距离，从而愿意与你交流，增进彼此之间的亲近感，建立良好的人际关系。

古人云：不知礼，无以立也；不知言，无以知人也。记住别人的名字，不仅传递了你对别人的尊重，满足了人类基本的心理需求，拉近了人与人之间的距离，产生其他礼节所达不到的效果，也体现了一个人的知识、涵养和魅力所在。

吉姆·佛雷10岁那年，父亲意外丧生，留下他和母亲及另外两个弟弟。由于家境贫寒，他不得不很早就辍学，到砖厂打工赚钱贴补家用。他虽然学历有限，却凭着爱尔兰人特有的热情和坦率，处处受人欢迎，进而转入政坛。最叫人佩服的是他还有一种非凡的记人本领，任何认识过的人，他都能牢牢记着对方的全名，而且只字不差。

他连高中都没读过，但在他46岁那年就已有4所大学颁给他荣誉学位，并且高居民主党要职，最后还担任邮政部长之职。

有一次有记者问起他成功的秘诀。他说：“辛勤工作，就这么简单。”记者有些疑惑，说道：“你别开玩笑了！”

他反问道：“那你认为我成功的原因是什么？”

记者说：“听说你可以一字不差地叫出1万个朋友的名字。”

“不。你错了！”他立即回答道，“我能叫得出名字的人，少说也有5万人。”

这就是吉姆·佛雷的过人之处。每当他刚认识一个人时，他定会先弄清他的全名、他的家庭状况、他所从事的工作，以及他的政治立场，然后据此先对他建立一个概略的印象。当他下一次再见到这个人时，不管隔了多少年，他一定仍能迎上前去在他肩上拍拍，嘘寒问暖一番，或者问问他的老婆孩子，或是问问他最近的工作情形。有这份本领，也难怪别人会觉得他平易近人，和善可亲。

俗话说：人过留名，雁过留声。姓名是人的标志，人们出于自尊，总是最珍爱它，同时也希望别人能尊重它。美国前总统罗斯福说过：“交际中，最明显、最简单、最重要、最能得到好感的方法，就是记住人家的名字。”踏入社会和人交往的第一秘诀就是记住他人的名字，因为记住每个人的名字，是尊重一个人的开始，也是与人有效沟通的第一步。

多结交比你优秀的人

现实生活中广为流传这样一句话：你是谁并不重要，重要的是你和谁在一起。古代“孟母三迁”的故事，就是这句话最好的证明。你和谁交往，跟什么样的人在一起真的很重要，甚至能改变你的成长轨迹，决定你的人生成败。

一个人成功与否，一定程度上取决于他是否拥有一个成功的环境。跟对人，才能做对事；跟错了人，整个世界也就跟着错了。

中国有句古话：“近朱者赤，近墨者黑。”美国也有句谚语："你能走多远，在于你与谁同行。"如果你想展翅高飞，那么请你多与雄鹰为伍，并成为其中的一员；如果你成天和小鸡混在一起，那你就不大可能高飞。犹太经典《塔木德》里有句话：和狼生活在一起，你只能学会嚎叫。同样，和优秀的人接触，你就会受到他们良好的影响。在一片向上的氛围中，优秀的人都在努力，你还有什么理由不努力？由此可见，跟什么人在一起，对一个人的影响是巨大的。与强者交朋友，自己会变得更强；与弱者交朋友，自己就会变得平庸。你跟着什么人，就容易变成什么人。跟着优秀的人，你也差不到哪去。

物以类聚，人以群分。和什么样的人在一起，就会有什么样的人生。一个人的身份的高低，是由他周围的人决定的。

有一位名叫阿瑟·华卡的农家少年在杂志上读了某些大实业家的故事后，想知道得更详细些，并希望得到他们对后来者的忠告。

有一天，华卡跑到纽约，也不管几点开始办公，早上7点就到了威廉·亚斯达的事务所。在第二间房子里华卡立刻认出了面前那体格结实、长着一对浓眉的人是谁。高个子的亚斯达开始觉得这个少年有点不讨人喜欢，然后一听少年问他："我想知道，我怎样才能赚得百万美元？"他的表情便柔和并微笑起来，和少年竟交谈了一个小时。随后亚斯达还告诉他该去访问的其他实业界的名人。

华卡照着亚斯达的指示，遍访了一流的商人、总编辑及银行家。

在赚钱这方面，华卡所得到的忠告并不见得对他有所帮助，但是能得到成功人士的知遇，却给了他自信。他开始仿效他们成功的做法。

又过了两年，这个20岁的青年，成为他学徒的那家工厂的所有者。24岁时，他是一家农业机械厂的总经理，为时不到5年，他就如愿以偿地拥有百万美元的财富了。这个来自乡村粗陋木屋的青年，终于成为银行董事会的一员。

华卡在活跃于实业界的67年中，实践着他年轻时来纽约学到的基本信条，即多与成功人士交往，从而改变了他的命运。

由此可见，与成功者为伍对于个人的事业成功有着多么重要的影响。你想做什么样的人，就要和什么样的人在一起，你要想成为一个成功者，就要先努力和成功者在一起。和那些优秀的人接触，你就会受到良好的影响，耳濡目染，潜移默化，成为一名优秀的人。

正所谓“面眉麻雀不同嗓，金鸡乌鸦不同窝”。跟着什么人，你就容易有什么样的人生。多与优秀的人在一起，你也容易走上成功之路，这被很多事例做证明，所以，广泛结交优秀的、事业有成的朋友，获取属于自己的人脉，成功的彼岸离我们就更近了！

尝试着找到你的贵人

贵人，是生活中不可缺少的人。在社会上打拼，靠实力，也要讲缘分，“贵人相助”是其中极为重要的一环。有时候，某人的一句话就能令你茅塞顿开，这个人就是你的贵人；有时候，某人的举手之劳帮你卸掉了重负，让你轻装上阵、信心百倍，这个人就是你的贵人；有时候，某个人不经意间的一个提示，让你豁然开朗有如神助，这个人就是你的贵人。

清朝大商人胡雪岩生前名满天下，广结人缘，但真正影响他的人物只有两个——杭州知府王有龄和湘军名将左宗棠。王有龄助他站稳脚跟，左宗棠助他飞黄腾达。胡雪岩刚结识王有龄的时候，他还是一个没有实权的小官，但是胡雪岩认准此人一定会有作为。最后王有龄一路升迁，官至巡抚，胡雪岩也顺势做大了生意，他的钱庄生意迎来了爆发，成了全国有名的大商人。

接下来的左宗棠让胡雪岩的事业更上一层楼。当时，左宗棠前来收复杭州，胡雪岩为左宗棠收复杭州提供了许多便利，帮助其搜集情报，购买军需物资还有一系列的民用物资，杭州收复后，左宗棠又依赖胡雪岩调理杭州一干琐碎事务，胡雪岩又成功借助左宗棠，从此以后一发不可收拾，生意越做越大，就连官职都升到了二品。

借贵人相助，获得成功是最简捷、最有效的途径。人的一生，总会出现一些对你加以指点、扶持、提拔、抚慰、协助你渡过难关的贵人，这将直接关系到人生的飞跃和发展。气球飞不起来，是因为它没有被打气；一辈子都不走运的人，是因为他没有足够的人缘！生命中，如果没有一个贵人出现，你的道路就会变得艰辛。对于一个渴望成功的人来说，贵人就是其生命中的一个支点，凭着它，你可以轻松撬起不轻松的人生，让自己的生命绽放美丽的火花。

每一个走向成功的人在不同阶段都得到过贵人相助，只不过自己没有察觉而已，师长、上司、前辈、朋友、同事，甚至是萍水相逢的陌生人，只要你留意都有可能成为你的贵人，贵人随时随地都可能出现在你的身边。

于洋是一家笔庄的老板。创业之时，他入不敷出，十分窘迫。每天他都往返于各个画廊、美术院校，只要有机会就给别人看他的笔，正当他四处碰壁、十分窘迫的时候，改变他命运的一个人出现了。

有一天，于洋在一个画廊里，遇到了省画院的院长。他忙拿出一支上好的笔要送给对方，对方看后感到很惊讶。这次巧遇使画院的院长对他的笔产生了浓厚的兴趣，以笔会友，两个人在研究笔的过程中结下了深厚的友谊，院长帮助于洋认识了更多的朋友，还解决了多年的债务问题。时间长了，通过书画家们和顾客间的相互介绍，他的笔庄在当地渐渐闯出了名气。

如今，于洋已经拥有两个笔庄、一家工厂，每年制作销售毛笔四五万支，于洋正走在成功的创业路上。

一次偶然的机会让于洋找到了自己的贵人，开创了自己的一番事业，可谓幸运至极。

每个人的生命中，都可能存在着许多贵人。有的是他们主动对你伸出援手，有的需要你自己慢慢培植。所以，你不妨留心观察周遭的人，看看哪些可能是你的贵人，然后主动亲近他们，与他们保持联络，让他们对你有深刻的印象。在某个时机，他们就会发挥“贵人”的功能，在你事业发展的过程中，助你一臂之力。

真诚待人，你会赢得更多的朋友

何谓真诚？真诚就是真实、诚恳、实事求是，没有一点虚假。如果一个人拥有了真诚的品质，他就会交很多的知心朋友，他的路也会越走越宽。

曾经打败过拿破仑的库图佐夫说过这样一句话：“您问我靠什么魅力凝聚这社交界如云的朋友，我的回答是‘真实、真情和真诚’。”真诚是最基本的待人之道，更是一种高明的处世之道。一个真诚的人在对待每件事、每个人的时候，都能抱着一份诚恳的态度、一颗真实的心，无条件地信任他人。只有做人真诚，才能够得到更多人的支持。真诚存在于我们与人相处的各个细节之中，而一个人若真诚待人，必然会获得他人真诚的回报。

美国著名的心理学家约翰·安德森曾做出这样的一项调查。他在一张表格中列出了500多个描写人的形容词，并邀请近6000名大学生挑选出他们所喜欢的做人品质。调查结果显示，大学生们对做人品质给予最高评价的形容词是“真诚”。在8个评价最高的候选词语中，其中有6个和真诚有关，它们是：真诚的、诚实的、忠实的、真实的、信得过的和可靠的，大学生们对做人品质给以最低评价的形容词是“伪”，在5个评价最低的候选词中，其中有4个和虚伪有关，它们是：说谎、做作、装假、不老实。这个调查研究结果在社会上具有普遍意义。

真诚是人际交往得以延续和深化的保证。只有以诚相待，才能更多地获得他人的信赖、理解，能得到更多的支持、帮助和合作，从而获得更多的成功机遇，最后脱颖而出，点燃闪亮人生。

真诚是一种难得的品质，同时它也是一个人的素养。拥有真诚的人是世界上最富有的人，因为他们拥有人类最贵的精神财富。奥地利著名心理学家阿尔·阿德勒说：“对别人不真诚的人，他一生中困难最多，对别人的伤害也最大。所有人类的失败，都出自这种人。”因为这种人没有朋友，他不能给人以关心和帮助，别人也不会关心和帮助他。

真诚是人与人之间沟通的桥梁。朋友之间要做到交心，没有什么比真诚更重要。巴尔扎克说过：只有打算彼此开诚布公的人们，相互之间才能建立起心灵上的交流。尔虞我诈的欺骗和虚伪的敷衍，都会让人远离你，只有真诚才能真正地打动人心。

松下电器公司还是一家乡下小工厂时，作为领导，松下幸之助亲自出马推销产品。再碰到杀价高手时，他就坦诚地说：“我的工厂是家小工厂。炎炎夏天，工人在炽热的铁板上加工制作产品，大家汗流浃背，却努力工作，好不容易制出了产品，依照正常的利润计算方法应当是每件××元承购。”对手一直盯着他的脸，听他叙述。听完之后开怀大笑说：“卖方在讨价还价的时候，总会说出种种不同的话，但你说得很不一样，句句都在情理之上。好吧，我就照你说的买下来好了。”

松下幸之助的成功，在于真诚的态度。唯有真诚之心才能打动人心，以真诚之心对待他人，我们才能获得他人的信任，建立良好和谐的关系。

真诚是打开别人心灵的金钥匙。你对人真诚，别人也会真诚待你；你敬人一尺，别人自会敬你一丈。交往中，以诚待人是处世的大智慧。只有以诚待人，才能在感情上引起共鸣，才能相互理解、接纳，并使关系进一步巩固和发展，从而获得他人的更多帮助。

总之，真诚存在于我们与人相处的各个细节之中，而一个人若真诚待人，必然会获得他人真诚的回报。

保持一点距离，朋友间的情谊才会更亲密

处理好人与人之间的距离，是处世的学问，而距离就在淡与浓之间，就看你如何去把握了。与朋友该淡则淡，该浓则浓，这才是交友的真谛。

有这样一个寓言故事：

冬天来临时，两只刺猬因为冷而拥抱在了一起，但是无论如何它们都睡不舒服，由于它们各自身上都长满了刺，紧挨在一块就会刺痛对方，反倒睡不安宁。因此，两只刺猬就各自跑开了。可是天气实在太冷了，它们又想要靠在一起取暖，因此就又抱在了一起。折腾了好几次，最后它们终于找到了一个比较合适的距离，既能够相互取暖又不会被扎。

人与人之间的关系就像两只刺猬相处一样，靠得太近则相互受伤，离得过远则觉得寂寞。只有保持适当的距离，才能彼此得到对方的温暖，而又不会因为近而伤害对方。这不仅是刺猬的相处哲学，也是人际交往的距离法则，也就是所谓的“距离产生美”。

距离为何产生美呢？从心理学的角度来讲，主要是因为距离可以使人们宏观地把握事物，它能够带给我们未知的神秘，能够引发人们的美好幻想。这就是人际交往中的“心理距离效应”。的确，在人与人之间的交往中，应该给彼此留有一定的余地，相应的心理距离，否则，再好的关系也会就此破裂。生活中，我们经常可以见到这样的事情，两个十分要好的朋友，整天亲密无间，日子久了，彼此的缺点都暴露出来了，在自觉不自觉间两个人的关系变得渐渐淡漠起来。由此可见，人与人之间保持一定的距离是十分必要的。

再亲密的两个人，也要保持各自的私密空间。无论是怎么样的朋友，无论关系多么密切，距离都是非常重要的。莫洛亚曾说过："朋友间保持适当的距离，能给双方美化升华的机会。"如果希望友谊长久而稳定，你就要把握好交往的分寸。

李强和王建两人在上大学时是好到可以穿一条裤子的铁哥们儿。毕业后两人各自有了自己的生活，但大大咧咧的李强却依旧像以前那样，总是随意闯进王建的房间，乱翻东西，躺在沙发上看足球赛，一看就是大半夜像是自己屋一样。这一切都让王建感到厌烦，但因为是老朋友了，王建一直保留着对李强的忍耐。而李强也没意识到这样相处的危险，照样我行我素。

有一天，王建的妈妈突然生病住院，王建赶回家取钱时，才发现柜子里居然是空的，这时李强来了，王建看见李强身上穿着女朋友给自己买的毛衣，心里又添了一股气："柜子里的钱哪儿去了？"李强一点也没发现王建的脸色不对，懒洋洋地说："女朋友过生日，我还没发工资，就拿你的钱请她吃顿大餐，买了条项链钱就没了！"王建冷冷地看着他："你凭什么不经同意就拿我的钱！"结果那天两人大吵了一通，彻底闹僵了，两个好到可以穿一条裤子的铁哥们儿从此中断了联系。

在这个事例中，李强错就错在对朋友太随便，要知道两个人即使关系再好，也是相互独立的两个人，也有彼此不同的家庭生活，彼此之间还是要保持合适的距离，互相尊重为好。

朋友之间，需要保持一定的距离。距离是一种美，也是一种保护。过于亲密或者过于疏离都不利于长久地保持友谊。这正是所谓的"距离产生美"的道理。只有做到了保持一定的距离，你与朋友之间的友谊才能更亲密。

帮助别人，就是帮助自己

生活中，不少人认为帮助别人，自己就要有所牺牲；别人得到了，自己就一定会失去。其实很多时候，帮助别人并不意味着自己吃亏，也是帮助自己，正如爱默生所说："人生最美丽的补偿之一，就是人们真诚地帮助别人之后，同时也帮助了自己。"

一位哲人说："一个不肯助人的人，他必然会在有生之年遭遇到大困难，并且大大伤害到其他人。"是的，每个人都不是独立地存在这个世界上的，每个人都会遇到困难，遇到自己解决不了的问题。这个时候，我们就需要向别人求助，如果我们能得到别人帮助，那么我们就会心存感激，希望他日自己也可以为别人做些事情。同样地，当我们帮助别人时，别人也会心存感激，希望他日伸出援助之手，帮助我们。

一个大雨的夜晚，一对老夫妇走进一间旅馆打算住宿。但不巧的是，房间已经订满了。当这对老夫妇正要离开时，服务生说："先生、太太，在这样的夜晚，我实在不敢想象你们这样的老人离开这里却又无处住宿的困境。如果你们不嫌弃的话，可以待在我的房间休息。因为我今晚要在大厅里值班。"

老夫妇大方地接受了他的建议，并对给服务生造成不便致歉。

第二天，老夫妇二人去前台结账时，被昨晚的服务生拒绝了，他说："昨天您住的房间并不是饭店的客房，所以我们不会收您的钱。”

老先生点头称赞：“你是每个旅馆老板梦寐以求的员工，或许改天我可以帮你盖栋旅馆。”

几年后，这位服务生收到一位先生寄来的挂号信，信中说了那个风雨夜晚所发生的事，另外还附有一张邀请函和一张纽约的往返机票，邀请他到曼哈顿一游。

几天之后，服务生来到了曼哈顿，在一幢豪华的酒店面前，老先生对他说：“这就是我为你盖的酒店，希望你当经理。”原来，这位老先生是某跨国连锁酒店集团的董事长。

谁能想到，几年前的举手之劳，竟然让一个服务生变成了酒店的经理。

正所谓“行下春风，必有秋雨”，帮助别人就等于帮助自己，这是利人利己的双赢处世法则。所以，你要善待身边的每一个人、每一件事，并视之为力所能及、理所应当。或许有一天，当你举步维艰、如履薄冰之时，昔日曾经被你资助过的人将会向你伸手拉上一把。因为善举带来人气，帮助别人就是帮助自己。

美国的哈伯德曾说过：“聪明人都明白这样一个道

理，帮助自己的唯一方法就是去帮助别人。”事实上，只要你能在别人需要帮助的时候，愿意伸出你热情的手，你的朋友就会越来越多，你的事业也会越做越大。所以你要想得到别人的帮助，你自己首先必须帮助别人，当你帮助别人的同时也就等于帮助了自己。

宽容待友，不记小仇

法国著名文学家雨果曾说过：“世界上最宽阔的东西是海洋，比海洋更宽阔的是天空，比天空更宽阔的是人的胸怀。”宽容是一种美德，是一种思想修养，也是人生的真谛，你能容人，别人才能容你，这是生活的辩证法则。学会宽容，你就会善于发现事物的美好，感受生活的美丽。

宽容是为人处世的准则。一个宽宏大量、与人为善、宽容待人、能主动为他人着想和帮助别人的人，一定会讨人喜欢，被人接纳，受人尊重，具有魅力，因而能够更多地体验成功的喜悦。而一个以敌视的眼光看人，对周围的人戒备森严、心胸狭窄、处处提防、不能宽大为怀的人，必然会因孤独而陷于忧郁和痛苦之中。

宽容体现了一个人的素养与气度，表现了人的思想水平。只有一个拥有智慧的人，才会在心中留出一片天地给别人。当你学会宽容别人时，就是学会宽容自己，给别人一个改过的机会，就是给自己一个更广阔的空间！

古语云："以责人之心责己，以恕己之心恕人。"这句话对人际交往有重要的意义，它告诫我们，要以诚挚、宽容的胸襟，尽量原谅别人的过错，由此，你可能会得到终身的信任和感激；反之，将别人的过错记恨在心，只会陷入关系紧张、破裂的恶性循环，最后还可能需要付出更大的代价。

清朝康熙年间，大学士张英的家人准备修一个后花园，希望花园外留一条三尺之巷，可邻居知道后，坚决反对修巷，说那是他的地盘。家人立即修书京城，希望张英可以出面解决。但张英的回信却只有一首诗：千里家书只为墙，让他三尺又何妨。万里长城今犹在，不见当年秦始皇。家人看到信后，明白其中含义，便主动让出三尺地。邻居知道后，深受感动，也主动让地三尺，最后三尺之巷变成了六尺之巷。

由此可见，宽容是甘露，它能化干戈为玉帛，如果人与人之间多一些宽容和理解，也就不会那么难处了。

常言道："海阔不如心宽，地厚不如德厚。"宽容是一种生活的艺术、人生的智慧，是洞明世间万象以后所获得的那份从容、自信和超然。表面上看，它只是一种放弃报复的决定，这种观点似乎有些消极，但真正的宽恕却是一种需要巨大精神力量支持的积极行为。学会宽恕别人，就是学会善待自己。仇恨只能让我们的心灵永远生活在黑暗之中；宽恕，却能让我们的心灵获得自由，获得解放。

总之，胸怀宽广是一种涵养，也是一种境界。只有宽容地对待他人和体谅他人，我们才可以获得一个放松、自在的人生。一个宽容的人，到处可以契机应缘，微笑对待人生。

第七章

少走弯路，做一个心智成熟的人

掌控好情绪，就掌控好了自己的人生

人的感情是很复杂的，且不容易控制，很多时候，人们常常由于冲动做出一些不理智的事情，结果后悔莫及。根据心理学家的测算，人们在气愤时做出的行为，有85%以上是错误的选择，而在正确的15%中，还有10%是因为运气好。所以，在愤怒的时候，我们尤其要注意克制，别让自己在情绪失控的时候做蠢事。

有一家工厂，有一次老板到仓库巡视的时候，看到有一个工人正躺在地上睡觉。这位老板平时最痛恨就是工人上班偷懒，浑水摸鱼，此时看到这样一幕，顿时气上心头，他立刻摇醒工人，问："你一个月的工资是多少？"睡眼惺忪的工人还有点迷糊，没反应过来发生了什么事，但还是顺从地回答："2000块。"老板马上叫来仓库管理领班，当即发给工人2000块钱，怒气冲冲地对他吼道："拿了钱赶快给我滚！"那个工人睁大眼睛，什么都没说，拿了钱转身就走。

工人走后，老板问领班："那个工人是谁介绍来的？"领班答道："老板，那个人不是我们公司的员工，他是别的公司派来送货的。”老板顿时窘在当场。

这个故事告诉我们，人在生气的时候无法做出正确判断，固执已有想法，行为频频出错，从而付出巨大的代价。毕达哥拉斯说过：“愤怒始于愚蠢，终于懊悔。”所以，无论遇到什么事应该冷静沉着，尤其是怒火攻心之时，更要有意识地控制自己，先搞清楚事情状况，切忌一时冲动、意气用事。要知道，盛怒之下的行为，通常都毫无理智可言，事后痛悔几乎是必然的。既然如此，为什么不在当时就控制住自己，让自己别做那些注定要后悔的蠢事？

意大利绘画家米开朗琪罗曾说：“被约束的力才是美的。”对于情绪来说也是如此，一个人的情绪如果不能得到有效的调控，那么，人就有可能成为情绪的奴隶，成为情绪的牺牲品，说出一些不合时宜的话，甚至伤害别人。所以当陷入消极情绪而难以自拔时，应有意识地用理智去控制。

在拿破仑·希尔事业生涯的初期，他曾受到个人情绪的困扰。有一次，拿破仑·希尔和办公室大楼的管理员发生了一场误会。这场误会导致了他们两人之间相互憎恨，甚至演变成了激烈的敌对状态。这位管理人员为了显示他对拿破仑·希尔一个人在办公室工作的不满，就把大楼的电灯全部关掉。这种情形已连续发生了几次，一天，拿破仑·希尔在办公室准备写一篇演讲稿，刚开始起笔，电灯熄灭了。

拿破仑·希尔立刻跳起来，奔向大楼地下室，找到了那位管理员并破口大骂。他把他能想到的恶毒的词痛骂管理员，直到他再也找不出更多的骂人的词句了，只好放慢了速度。这时候，管理员直起身体，转过头来，脸上露出开朗的微笑，并以柔和的声调说道："你今天早上有点儿激动，不是吗？"管理员的话似一把锐利的剑，一下子刺进拿破仑·希尔的身体。拿破仑·希尔的良心受到了谴责。待他控制了愤怒的情绪后，他平静了下来，他知道，他不仅被打败了，而且更糟糕的是，他是主动的，又是错误的一方，这一切只会更增加他的羞辱。于是，拿破仑·希尔歉意地说："对不起！我为我的行为道歉——如果你愿意接受的话。"管理员脸上露出那种微笑，他说："凭着上帝的爱心，你用不着向我道歉。除了这四堵墙壁以及你和我之外，并没有人听见你刚才说的话。我不会把它传出去的。我知道你也不会说出去的。因此我们不如就把此事忘了吧？"

拿破仑·希尔向他走过去，抓住他的手，使劲握了握。拿破仑·希尔不仅是用手和他握手，更是用心和他握手。在走回办公室的途中，拿破仑·希尔感到心情十分愉快，因为他终于鼓起勇气，化解了自己做错的事。

从此以后，拿破仑·希尔下定决心，绝不再失去自制。因为当一个人不能控制自己的情绪时，总会被对方轻易地打败。

看来，学会控制自己的情绪，对于每个人而言都是相当重要的，它是我们成功的前提，更是我们身心健康的保证。做自己情绪的主人，不仅让你重新获得主导权，而且会使你发现，掌控自己的情绪以后，所有的难题都能够轻松驾驭了！

卡耐基说："学会控制情绪是我们成功和快乐的要诀。"能否控制自己的情绪是一个人心理素质的体现。有效地管理和调控自己的情绪，就能够改变自己的处境，面对不如意的现实。如果你能恰当地驾驭好自己的情绪烈马，并以最佳的方式表达出来，那么你将在别人心目中留下良好的形象。

不可过于虚荣与爱面子

鲁迅先生曾说："面子是中国精神的纲领。"在中国式的人情世故中，总逃脱不了两个字"面子"。这是人们在长期生活实践及社会学者经过研究后得出的结论。面子是什么？面子是自尊心的最具体表现。每个人都很爱面子，都有很强的脸皮观念，这关系到自己的尊严和地位。乞丐不食嗟来之食，为的就是保住自己的面子和尊严，可见其对人们的重要性。

人要面子其实很正常，但是也要懂得适可而止。如果觉得一个人的面子大于自己的一切，那么这就是人生的悲剧。

其实，爱面子本身没错，更算不上什么恶行。因为爱面子是人对自身形象的一种维护，也是人的一种羞耻心理的行为表现。但是物极必反，如果过分注重面子，则容易暴露虚荣、虚伪、贪婪等诸多人性缺憾。面子固然重要，但不必为了没意义的面子让自己受苦遭罪，顺其自然最可贵。

人们常说"人为一口气，佛为一炷香"。人要面子，很正常。但我们一定要对这个问题有一个正确的认识。否则，死要面子而活受罪则实在是不划算。例如，有的人请客吃饭为了有排面、排场，点了满满一大桌子菜，餐后剩了一大堆，又为了面子，还不打包，只能眼睁睁地看着服务员倒了，心里觉得浪费钱，但是也碍于面子只能假装无所谓。其实，太要面子的人，自己生活的也会很累，因为需要表面上的光鲜亮丽，背地里就需要忍受各种各样的委屈和苦果。

李先生的侄子从老家来到北京上大学。平时，李先生总是带侄子下饭店改善伙食，或者给侄子买一些衣服、学习用品。有一次，李先生和侄子去购物，见到了一台笔记本电脑，就想买。侄子刚上大学，只有生活费，自然没钱可掏了，李先生亦不想再做冤大头，就没有和以前一样积极付账。“一看你就是位大老板，一台电脑的钱你还在意？”售货员的一句话噎得李先生半天喘不过气来，尽管要花李先生5000多元钱，但为显示自己有面子，也只好把手缓缓地伸向钱包。

在现实生活中，有许多人和李先生一样，为了所谓的“面子”，打肿脸充胖子，最后只能自己吃哑巴亏。其实为了脸面，做一些自己不能或力所能及的事，甚至是很难做到的事，那就是一种勉强。俗话说得好，有多大的脚，就穿多大码的鞋。真没必要为了那点虚荣的面子，去撑破自己的脸皮。

面子，就像压在人心里的一个大包袱，你越在意，它就越沉重，压得你喘不过气来。电视剧《我的前半生》里有句话说："面子是人最难放下，又是最没有用的东西。"的确，过分在意面子是一种不理性的行为，是走人"面子怪圈"而不自知，是一种浪费资源与机会的愚蠢。因为面子是给别人看的，而日子是自己感受的。你如果总是为了面子牺牲里子，打肿脸充胖子，最后，多半就是落得一个死要面子活受罪。很多时候，面子不是自尊，它更多的是一种虚荣。所以说，放下面子，就能放弃无谓的虚荣，放弃虚荣的负担。

面子是人生中的第一道障碍，成熟的人决不做"死要面子活受罪"的人，过分爱面子，就会失去自我，很难做成大事。只有那些抛弃虚荣和虚伪面子的思想、用平常心来对待名利得失、实实在在地做人做事过日子的人，不仅自己活得快乐，而且还会出乎意料地赢得成功。

让你不满的事太多，但抱怨是无用的行为

生活中有很多人喜欢抱怨，抱怨活得太辛苦、压力太大，抱怨家人，抱怨朋友，抱怨上司，抱怨同事……仿佛只要与他们有接触的事或人，他们都无一例外地抱怨。

抱怨是一种很常见的不健康的心理状态。在人生的道路上，我们都会遇上一些不顺的事，这时就会习惯性地抱怨。这些抱怨不仅不会改变现状，还会让我们陷入深深的焦虑和不满之中。

生活本来就不是事事如意，生活本来就不会十全十美，相反，起起落落，悲欢离合才是家常便饭。这是现实，你必须承认，所以你不要抱怨。能够忍受不公平的待遇，并且以平常的心态对待，这是人生的一个境界，也是我们努力追求的方向。如果一旦遇到波折、困难或不顺心的事，就抱怨他人，感叹自己“怀才不遇”，悔恨“明珠暗投”，对生活失去兴趣，对美好的东西失去追求。这种心理不仅会磨损人的志气，而且是一个人生活幸福的致命伤。

常常抱怨的人，其实是不热爱生活的人，或者说是不理解生活的人。生活是需要你理解的。你不理解生活，你就会常常有愤愤不平的感觉，你就会有怀才不遇的感觉，你就会有牢骚满腹的感觉，你就会有运气不佳的感觉。

约翰是某公司的一个职员，但他却总觉得怀才不遇，很不满意现在的工作，认为老板对他不重视。有一天，他对朋友抱怨说："我的老板真是没有眼光，大材小用，一点不把我放在眼里，哪天我心情不好就辞职不干了。"

朋友问他："你对你们公司的情况完全弄清楚了吗？公司的网络销售、渠道、人脉都全搞通了吗？"

约翰摇了摇头，不解地望着朋友。

朋友建议道："我建议你辞职之前，先把公司的全部工作流程完全搞通，甚至连怎么修理影印机的小故障都学会，然后再辞职不干。"

约翰听完后更迷惑了，朋友解释道："公司给你提供了免费学习的平台，你把所有的东西学会了之后，再一走了之，不是既出了气，又有许多收获吗？"

约翰听了朋友的建议，从此便发奋努力，甚至下班之后，还主动留在办公室加班。

一年之后，那位朋友问约翰："你现在该学的东西都学会了，是不是要准备辞职了？”

“哦，不，我不想辞职了。我发现近半年来，老板对我刮目相看，最近还给我加薪，并委以重任，我已经成为公司的红人了！”

“这是我早就料到的！”他的朋友笑着说，“当初你的老板不重视你，是因为你的能力不足，却又不努力学习；而后你痛下苦功，通过学习以后，工作能力不断提高，当然会令他对你刮目相看。”

与其抱怨，不如改变。命运不会因为抱怨而改变，要想改变自己的命运，首先要停止抱怨。

抱怨是世界上最没有价值的语言，只是一味地去抱怨自身的处境，对于改善处境没有丝毫益处，只有先静下心来分析自己，并下定决心去改变它，付诸行动，它才能向你所希望的方向发展。一分耕耘、一分收获，不要企望在抱怨或感叹中取得进步，事情的进展是你的行为直接作用的结果。事在人为，只要你去努力争取，梦想终能成真。

抱怨生活只是弱者失败的借口。生活本来就是不公平的，永远不要抱怨生活，因为生活根本不知道你是谁！只有我们用平凡的心去面对所给我们的不如意，心中的乌云才会慢慢散开。

好风凭借力，助你驶上成功之路

成功，在很大程度上是依靠自身的力量，因为内因才是事物发展的根本原因，但是外因也起着必不可少的作用，如果能够巧妙地利用外力，巧妙地利用他人的力量，你的成功之路也许会走得更轻松一些。

某公司的董事长是一位善借他人之力的智者。有一次，他偶然认识了一家酒店的业务经理，并发觉这个人很有才干，且有效应酬处理得非常融洽。反观自己在有些方面存在不足，这个人又恰恰有这些方面的长处。

于是，这位董事长花了很大力气，终于说服了这个人加入了自己的公司，而且当年在这个人的配合下，齐心协力，为公司赚了几千万元。

智者当借力而行。正所谓：他山之石，可以攻玉。善于借助他人之力，可以弥补自己的不足，加快成功的进程，还可以获得双赢。

在现代社会中，经济迅速发展，各行业各部门之间的竞争非常残酷，单靠一个人的能力是很难取得事业的成功的。因此，必须借用别人的力量，才能取得事业的成就和创造灿烂的人生。

“好风凭借力，送我上青云”，聪明的人知道“借”的妙处，不仅善于借他人之力，还善于借他人之“财”。毕竟两手空空，身无分文，不论办什么事都举步维艰，所以只有靠借才能有出路。他们想出来的办法通常是“借钱赚钱，借钱发财”。这种变钱之道值得借鉴，在必要的情况下，要敢于借贷、善于用贷，走一条借钱生钱的发财路。

当年，美国富豪路维格唯一的家当就是一艘老油船。

有一天，他跑到大通银行，对银行职员说他要借钱。那位职员看了看他的破衬衫领子，轻蔑地问他拿什么做担保。路维格便搬出了那艘老油船，说他正把船租给一个石油公司，每月的租金正好可以分批还这笔款子。银行还是有点犹豫，路维格便建议把租契交给银行，由银行去跟那家石油公司收租金。

一般来说，银行是不会接受这种非分要求的，而路维格当时是没有什么信用可谈的，但他们看重了那家石油公司的信用。因此，银行借给了他一笔钱。

第一笔贷款到手之后，路维格看这样可以从银行贷到款，于是他用贷款来的钱又买了一艘旧货船，然后改成油轮租了出去，再拿着租契到银行贷款，再买船。如此反复了好几年，他已经拥有8艘自己的船。这时候，他开始搞起航运，虽然规模不大，不能和那些大的航运公司对抗，但是他已经能赚到了300多万美元了，而且，这些钱还在不断地增长。在几年的时间里，路维格把一艘旧船变成了拥有8艘油轮的船队。

如果你想很轻松地使自己获得成功，获得财富，而又不用什么实际上的投入的话，就要学会巧妙地运用“借”字，这是最高明的一种手段。

生活中，不少人认为，成功只有依靠自己一个人的力量去取得，才能真正显示出自己的本领，而向别人寻找帮助，则是一种无能的表现。当然，如果只靠自己的能力就能把事情办好，确实是件好事。但是一个人的能力毕竟有限，总有一些超出你能力之外的事情，你的能力达不到或者勉强干完也是漏洞百出，这时就需要借助他人之力了。

学会分享，好事不能独自享受

古语有云：与君同行，分之即得之！意思是说和别人在一起，如果你愿意和身边的人分享你的东西，那么得到的一定比失去的多。

分享，是现代人际交往的基础，也是生活品质得以提升的表现。只有懂得与人分享，乐于与人分享，敢于与人分享，才能充分得到别人的尊重与认可，才能让你的事业走向成功。

某公司的一位销售经理当月的销售业绩突出，他所在部门的业务员销售总额超过了2000万元，按照公司规定，这个销售经理可以按业绩提成，得到一笔可观的奖金。老板很是为有这样一位得力助手而高兴，同事也暗自庆幸自己跟对了人。于是，老板决定在公司开个例会，并把他推为大家的榜样，以此激励其他员工，还特意安排了这位销售经理当众发表感言。

这位经理在他的感言中把自己的业绩归功于自己调配人员的技巧、处理大订单的果断和自己如何辛苦地加班等等。虽然他说的这些也确实属实，他的确是这样做的，但他唯一犯的错误就是自始至终都没有提及一句自己感激老板和感谢同事、下属之类的话。

会后，下属和同事们开玩笑要他请客庆祝，他却毫不客气地说："我得奖金，你们用得着这么开心吗？下次我会拿更多，到时再说吧！"可是等到下个月，这位经理不仅没能再拿到奖金，甚至还因为没能完成销售任务而被扣掉了当月奖金。更奇怪的是，他的下属越来越懒散，就连老板似乎也对他冷淡了许多。

这样一个工作勤恳的人最终却不能成为受欢迎的人，究竟是什么原因造成的呢？很明显，就是因为他不懂得与人分享荣誉。

独占易起纷争，分享才能共赢。当你在工作上或事业上取得了骄人的成绩时，当然值得庆贺，但如果成绩是集体的功劳，千万不要把功劳据为己有，否则你的队友会觉得你好大喜功，抢占他人的劳动成果。就算是某个人取得了更大的成就，也千万不要忘了一起拼搏努力的其他团队成员，与他们一起分享成功的喜悦。只有分享，才能共赢。不懂得分享的人，只能共苦不能同甘的人，最终会被大家所唾弃、所不齿，被大家孤立，被大家远离。

分享，是一种境界，是一种智慧，是一种升华，是与人方便自己方便。分享不是一种失去，而是一种获得，会得到更加重要而且更加丰富的东西，只有分享，才能让你得到更多。

某省有一家公司，因为代理某知名品牌的矿泉水，从默默无闻的无名小卒，迅速跻身为该省第二大矿泉水代理商。总经理王杰赤手空拳在7年内，打拼出了一家年盈利近千万元的公司，他靠的是什么？

与王杰相交十几年的一个哥们说："在同业中或同辈中，论聪明、论能力，王杰都不能算顶尖，但是，他能取得现在这个成就，八成以上的因素在于他的勤奋。因为他很愿意与别人分享，大家才会利益共享，机会之神也才会眷顾他，而不是别人。"

"有怎样的度量，就有怎样的福气"，从小王杰的父母就是这样教导他。如今，王杰也常这样对属下说："赚钱的机会非常多，一个人无法把所有的钱赚走。"是的，只有分享，才能让你得到更多。

有句话说得好：财散人聚。你要把利益与别人分享，才会赢得信赖、聚集人心，这样一来自己的业务范围、合作伙伴才会越来越多，生意越做越大。事实上，大多懂人情世故的人都乐于与人分享，认为这样才能更有利于创造良好的环境，促进人际关系的融洽，从而达到有效的协作、配合。

分享是生活中一种重要的社会行为，已经越来越成为社会活动中不可缺少的品质。学会与人分享，能使你的心胸更加开阔，使你变得更睿智。当你主动与人分享利益、分享荣誉、分享资源时，你赢得的是他人的信任，大家会更愿意跟着你做事，即使当你不如意时，如果你之前一直坚持分享的心态，你的团队也不会离开你，因为他们相信，只要你有吃的，你就会分给他们一口。这些看似简单的道理，很多的人却不一定能做到。所以，我们一定要拥有分享的心态。只有学会了分享和分担，才能够获得大家的理解和支持，才能够增强自己的竞争力。

过去的事情就让它过去吧

生活中，我们经常可以看到，一些人因为自己做错了某件事，便终日陷在无尽的自责、哀怨和悔恨之中，这无疑是一种严重的精神消耗，只会令我们痛苦不堪。过去的已经过去，我们为过去哀伤、遗憾，除了劳心费神，于事无补。莎士比亚曾说："聪明的人永远不会坐在那里为他们的过错而悲伤，却会很高兴地去找出办法来弥补过错。"所以，我们没有必要整日缅怀过去的错误，既然过错已经发生，我们所需要的是从过错中总结经验得失，避免下一次再犯。

大发明家爱迪生费尽心力财力，建立了一个规模巨大的实验室，但是不幸的一场大火，造成了严重的损失，他一生的研究心血几乎都付之一炬。

当他的儿子在火场附近焦急地找他父亲时，他看到已经67岁的爱迪生，居然平静地坐在一个小斜坡上，看着熊熊大火烧尽一切。

爱迪生看儿子来找他，扯开喉咙叫他儿子快去找妈妈来：“快把她找来，让她看看这难得一见的大火。”大家都以为这场打击可能对爱迪生造成重大的挫折，但是他说：“大火烧去了所有的错误。感谢上帝，我们又可以重新开始了。”

这场大火给了爱迪生很大的启发，就在三个星期过后，经过爱迪生日夜奋战，他竟神奇般地发明了留声机。

这个故事其实是告诉我们一种对待错误、失误的心态——不要为自己的过失而苦恼。当你认识到做错了事，走错了路，应该做的是及时地改正错误、调整方向，而不是为错误而不断地懊悔。因为，过去的已经过去，你再也无法重新设计。而后悔，又只会让你失去现在的机会。正如泰戈尔所言，如果你因为错过太阳而流泪，那么你也将错过月亮和星辰。我们总是执着、感伤于曾经失去的，以致忽略了身边的风景以及未来可能存在的惊喜，这不能不说是一种得不偿失。

生活中，总会有一些意想不到的事情发生。当你面对一些不幸的打击时，要学会潇洒地挥一挥手，告别昨天。不要把宝贵的时间和精力浪费在悔恨、自责和羞愧上。这些负面情绪只会阻止你改变目前的生活状态，因为它们只会让你的意识停留在过去。

爱丽丝是一个生性乐观的女孩，不论遇到什么事情，她都能积极面对。

有一次，她出海度假，遇到了大暴雨，结果在甲板上滑倒，腿部受了重伤。因为伤势非常严重，只能把腿锯掉，才能保住生命。但医生考虑到年轻女孩以后的生活，有些犹豫了，担心爱丽丝接受不了这个事实。然而出乎这位医生的意料，当他把这件事告诉爱丽丝时，她只是看了他很久，然后非常平静地说：“如果一定这样不可的话，那也就只好这样了。”

当她被推进手术室的时候，她的家人以及朋友都站在一旁哭泣。爱丽丝却只是朝他们挥了挥手，微笑着说：“我马上就会出来的，你们在这里等我。”

后来，爱丽丝慢慢地恢复了健康。虽然她失去了一条腿，但是她没有放弃自己的理想和追求，她选择忘记痛苦，使自己忙于建设更美好的明天，直到她去世为止。

不被命运所击倒，忘记昨天的悲伤，忘记自己所失去的，把精力和目光更多地给予现在，去争取更美好的未来，才能寻回自己的天空。生活永远是由两个选择构成的，既然悲剧已经发生了，那么痛苦下去又有什么用呢？我们不如选择积极、开心的那个方法，让自己的心态平静下来。如果我们在有限的生命里，把过多的时间都耗费在对失去的耿耿于怀中，那是多么大的浪费啊。

有一位哲人曾说过：当你无法改变一些已经发生的事实时，你要学会忘记，而不是无谓地埋怨与惋惜。过去的事就让它过去吧，不要做无谓的埋怨和惋惜，因为你已经无法去改变它了。但你要记住，以积极的态度来应付不幸之事会收到好的效果，只要你吸取教训，你便从中获益。

以诚待人，别人才会以诚相报

诚信是人们立身处世之本。《论语·为政篇》中说：“人而无信，不知其可也。大车无小车无，其可以行之哉？”其意思是说做人都可以不讲信用，不知道他是如何站住脚的。就好像车没有安装横木销一样，怎么可以走动呢？孔子在这里把信用看作是为人处世的基点。

自古以来，诚信就是人类社会活动的一个重要评价指标。诚者，信也。信者，诚也。诚信是做人的基本准则和最起码的道德修养，为人以诚，待人以信，不但是人内在品质和精神要求，也是社会基本准则。一个人要想在社会上立足，就必须具有诚信的品德。

西方有位哲人曾经说过：这个世界上只有两样东西能引起人们内心深深的震动，一个是我们头顶上灿烂的星空，一个就是我们心中崇高的道德准则——诚信。的确如此，在这个大千世界里，人与人之间的交往离不开诚信。

李嘉诚在创业之初就视“诚”为成功秘诀，他说：“我绝不同意为了成功而不择手段，如果这样，即使侥幸略有所得，也必不能长久。”他还经常对下属说：“做生意要以诚待人，不要投机取巧。对顾客许诺的事，无论遇到什么困难，也要千方百计地履行承诺。赢得顾主的信赖，比什么都重要。”

有一次，一位外商找到李嘉诚，希望大量订货，但他提出需要其他厂商作保。

可一时间，李嘉诚找不到可以为他担保的厂商，他只好一切坦诚相告。那位外商深为他的诚信所感动，对他十分信赖，说："从阁下言谈之中看出，你是一位诚实君子。不必让其他厂商作保了，现在我们就签约吧。"

虽然这是个好机会，但李嘉诚的资金不足，他还是坦诚相告说："多谢您对我的信任，我不胜荣幸。但我还是不能和您签约，因为我资金真的有限。"

外商听了，很是佩服李嘉诚的为人，不但坚持与之签约，还预付了货款。这笔生意使李嘉诚赚了一笔可观的钱，为以后的发展奠定了基础。从此以后，李嘉诚更是将"坦诚第一，以诚待人"作为做人和经商的原则，并获得了巨大成功。

商无信不立，业无诚不远。诚信是一种人品修养，是做人的根本准则。一个讲诚信的人，能够前后一致，言行一致，表里如一，人们可以根据他的言论去判断他的行为，进行正常的交往。你无法对一个不讲信誉、前后矛盾、言行不一的人判断他的行为动向。

诚信是一种美德，也是与人交往的基本准则。它会吸引周围的人跟随你，并对你信任有加。正所谓："言必信，行必果。"只有你对别人讲诚信，别人才会信任你。只有做到了一诺千金，你的事业才有望发展壮大并蒸蒸日上。

“小信成则大信也”，无论是做人还是做事，诚信在其中必不可少。一个守信用的人，即便是穷困潦倒、身无分文，也同样可以凭借信誉得到各个方面的帮助，成就一番事业。在诚信与利益的冲突中，利益的牺牲是可以弥补的，而失去信用是难以挽回的。信用和信誉倘若能够得到细心的呵护，就会成为享用不尽、永不枯竭的内在资源。

诚信不仅是一种个人品质、一种行为规范，更是一种高超的处世之道。“听其言，观其行”，你的一言一行，别人都看在眼里，记在心里，一旦发现你言行不一致，你的威信就会大大降低。所以，以诚信的态度处世，养成诚信的为人与习惯，处世以“信”为原则，讲信义、重信义，这样的人才会为世人所接受。

第八章

纵横职场，你要懂的那些人情世故

与人合作，才会实现共赢

我们任何人在这个世界上都不是孤立存在的，都要和周围的人发生各种各样的关系。无论你从事什么职业、无论你何时何地，始终离不开与别人的合作。一个人学会了与别人合作，也就获得了打开成功之门的钥匙。

拿破仑·希尔说：“那些不了解合作努力的人，就如同走进生命的大漩涡中，他们会遭受不幸的毁灭。‘适者生存’是不变的道理，我们可以在世界上找出许多证据。我们所说的‘适者’就是有力量的人，而所谓的‘力量’就是合作努力。为了获得生命的成就，我们就应该努力合作，而不是单独行动，一个人只要能够和其他人友好合作，才更容易获得成功。”合作是取得成功的重要前提，不能与他人良好合作，你就休想取得良好的成果。

在当今劳动分工日益细密的情况下，靠个人的能力成功的机会更少了。合作已经成为人的一种能力，是成功的基础。一个人最明智且能获得成功的捷径就是善于同别人合作。

有一家跨国大公司对外招聘三名高管，经过面试筛选，9名应聘者从上百人中脱颖而出，最后由公司董事长亲自定夺最后的人选。

董事长看过这9个人的资料后，发现其能力、阅历、经验等都不相上下，一时也不能确定聘用哪三个人。于是，董事长给他们9个人出了最后一道题。董事长把这9个人随机分成A、B、C三组，让三组人分别调查指定区域的房地产情况，并写出相关的行业报告。董事长对三组人说道："为避免大家盲目展开调查，我已经叫秘书准备了一份相关行业的资料，走的时候自己到秘书那里去取。每个小组的成员务必全力以赴。"

两天以后，每个人都把自己的市场分析报告递到了董事长那里。董事长看完后，站起身来，走向C组的三个人，分别与之一一握手，并祝贺道："恭喜三位，你们已经被录取了！"随后，董事长看看大家疑惑的表情，哈哈一笑说："请大家找出我叫秘书给你们的资料，互相看看。"

原来，每组的三个人得到的分别是房地产行业过去、现在和将来的分析，每个人的资料都不一样。董事长说："C组的人很聪明，互相借用了对方的资料，补齐了自己的分析报告。而A、B两组的人却分别行事，抛开队友，自己做自己的，形成的市场分析报告自然不够全面。其实我出这样一个题目，主要目的是考察一下大家的团队合作意识，看看大家是否善于在工作中合作。要知道，合作精神才是现代企业成功的保障！”

合作才有出路。一个人的力量总是有限的，有了大家的帮助，个人才能有更大的发展。哲学家威廉·詹姆士曾经说过：“如果你能够使别人乐意和你合作，不论做任何事情，你都可以无往不胜。”合作是一种能力，更是一种艺术。唯有善于与人合作，才能获得更大的力量，争取更大的成功。

现代社会越来越强调团队合作，与其他人合作，可以取长补短，更好地发挥自己的能力。人常说：“一个巴掌拍不响，众人拾柴火焰高。”善于发现自己和别人的长处，并能够利用，不嫉妒别人的长处、不护自己的短处，能够协调别人为自己做事，与合作人之间建立良好的信誉，是成功者的法则，也是人与人之间共同发展的主旋律。

赞美要运用得当

人人都愿意听好听的话，都禁不住赞美的话语，这也是人性的一大弱点，即便是领导也不例外。如果我们能够掌握赞美的艺术，经常对领导说些赞美的话，就能够更好地加深同领导之间的关系。但在现实生活中，有很多人认为称赞领导就是巴结讨好、拍马溜须，而想对领导真诚地赞美却不能正大光明，反而被投机钻营者用去升官发财了。其实赞美领导也是对领导的认可、支持和褒扬。没有哪一位领导不喜欢听赞美的话。

小丽是一名会计，不但业务能力很强，而且能说会道，深受大家的喜爱。

早上，经理刚踏入办公室，小丽就发现，经理今天穿了一套新西装。小丽走到经理面前，及时称赞道："经理，你这西装穿得真帅气。你个子高，显得更加英俊潇洒，玉树临风啊！"其他几位同事也一起附和道："是啊，帅呆了。"

经理很得意地转了一圈，回自己的办公室了。

中午，经理走出办公室，见人人都在座位上，便问："你们中午怎么也不出去转转？"

大家异口同声道："午休时间短，吃完饭，也快上班了。"

"是吗？这样，以后中午多给你们半个小时的休息时间，出去转转，工作需要头脑清醒。"经理当场拍板。

就这样，他们每天多了半个小时的休息时间。

赞美领导是与领导搞好关系的"润滑剂"。赞扬与欣赏领导的某个特点，意味着肯定这个特点。只要是优点、是长处，你可毫不顾忌地表示你的赞美之情。领导也是人，也需要从别人的评价中，了解自己的成就及在别人心目中的地位，当受到称赞时，他的自尊心会得到满足，并对称赞者产生好感。

赞美领导时一定要真诚。赞美领导绝不是刻意吹捧、阿谀奉承，更不是言不由衷、虚情假意。否则，只会让领导感到肉麻，同时也折射出吹捧人背后可能隐藏着某种不良的动机。真诚的赞美应该是对领导的优点由衷欣赏和认可，并且是针对领导的某种具体业绩和行为来展开的。让赞扬成为一种尊重领导的方式，一种肯定领导的态度，这样的赞扬才能真正有效。

某公司经理在指挥日常工作方面虽然能力一般，但是他具有极高的理论修养。在员工大会上，他经常能就某个问题发表自己的独特看法，并且在说话的过程中不时穿插一些幽默风趣的语言。因而他的演说不但不会让员工觉得枯燥，反而觉得收获不小。这一点也是这位经理引以为豪的地方。

针对经理的这个特点，小于经常对他说：“经理，俗话说‘听君一席话，胜读十年书’，从您的讲话中，我深刻地体会到了这句话的精妙之处。每次听您讲话，我就觉得自己收获颇丰。您不愧是我们公司的精神领袖呀。”

小于的这番话正说到经理的心坎上，所以他高兴地说：“小于呀，你太抬高我了，其实这个说话呀，要注意的是……”

赞美是一种艺术，如果运用得当，自然会取得意想不到的效果。为什么有些人赞美人总感觉像是在拍马屁，让人感觉不舒服，而有的人则往往能把话说到人的心坎里，让人感觉到对自己的赞美既动听，又真诚，这就是赞美的方法的区别。

在职场中，如果你想出人头地，赢得领导的青睐，可以有很多种方法，但赞美领导是成为一个受欢迎的人的必备手段，是建立良好人际关系的基石，更是事业成功的良性催化剂。

和谐共处，善待你的同事

竞争与友谊是职场的两大主体，而融洽的同事关系也能为个人的成功奠定一个良好的基础。因此，如何处理与同事之间的关系，让自己广受欢迎，成了一种生存智慧。

周涛是一家公司的销售员。在同事中间，数他的能力最高，也数他的业绩最好。大家也都非常尊重他，积极配合他做好相关工作。

时间长了，周涛渐渐地开始有点目中无人，觉得除了领导，就是“老子天下第一”，开始要求同事给他做事。起初，大家都还勉强接受，但后来他越来越过分，甚至用命令的口吻要同事帮他做事。这时，同事都不买他的账，就连他办公桌上的电话也不给他接。由于他出差时，电话老是没人接，因此他在客户心目中的地位开始大打折扣，业绩大不如前。

后来其他同事通过努力合作，业绩还超过了他，这让自尊心极强的周涛觉得挺没面子，于是找了个借口辞职走了。

可见，同事之间的关系处理不好，会直接影响你的工作。一个人在职业上的发展和取得的成绩，有赖于人际关系的积累与和谐。与同事和谐融洽地相处，可以让一个人心无杂念地踏实工作，而这也必将成为一个人职场成功的因素之一。

随着市场经济的发展，在一些部门和企业，追求工作效绩，希望赢得上司的好感，获得晋升，以及其他种种利害冲突，使同事间存在一种竞争关系。这种竞争在很大程度上掺杂了个人感情、好恶、与上级的关系等复杂因素。表面上大家同心同德，和和气气，内心里却可能各打各的算盘。利害关系导致同事之间也可能同舟共济，也可能各想各的心事，因此难免关系微妙。这就要求我们与同事相处时要注意细节，不能过于随便。

日常交往中，我们不妨注意把握以下几个方面，来建立融洽的同事关系。

1．把握尺度。和同事聊天交谈之时，不要“打破砂锅问到底”，彼此心照不宣就足够，要考虑对方的心思，给对方留足面子，这样比较容易获得对方的好感。同时，不要涉及对方隐私，更要远离飞短流长。

2．求同存异。“人上一百，形形色色”。同事之间由于经历、学识、立场等方面的差异，对同一个问题，往往会产生不同的看法，引起一些争论，一不小心就容易伤和气。因此，与同事有意见分歧时，没必要非争出个高低上下，要求同存异，相互包容，以和为贵。

3．相互尊重。相互尊重是处理好任何一种人际关系的基础，同事关系也不例外。同事之间，不管能力和水平有多大的差异，都应对他人有必要的尊重。不要在他人面前说绝对话、过头话，不要扫他人兴，不要以质问的口气对人说话，这些都是对别人的不尊重。

4．相互学习。“三人行，必有我师焉。”通过同事之间的互相学习可以找到自己的缺点，发现同事的优点，弥补自己的缺点；勤于学习同事的工作方法，虚心接受同事正确的意见，这是使自己在短时间内取得最大的进步秘诀。

5. 相互帮助。同事间只有互相团结、相互支持、互相帮助、相互尊重、亲如一家，才能营造一个和谐的工作环境。

总之，建立融洽的同事关系是一门重要的学问，我们只有以团结友善的态度对待同事之间的关系，才能创造一个宽松的工作环境，提高工作效率，为你的职业晋升铺路。

多做一点，就会让人另眼相看

在职场中，如果你想让别人对你另眼相看，你只需要每天多做一点。多做一点，也许会占用你的时间，但是，你的工作会获得很大的不同，因为你会比别人积累更多的东西，如经验、技能、工作效率等等。更为重要的是，你的行为会使你赢得良好的声誉，并增加老板对你的器重和赏识。

安娜小姐最先为詹姆斯先生工作时，职务很低，但现在却已经成为詹姆斯先生的左膀右臂，担任其下属公司的总经理。安娜之所以能如此快速地升迁，秘密就在于“每天多做一点”。

“在为詹姆斯先生工作之初，我就注意到，每天下班后，所有的人都回家了。詹姆斯先生仍然会留在办公室里继续工作到很晚。因此，我决定下班后也留在办公室里。是的，的确没有人要求我这样做，但我认为自己应该留下来，在需要时为詹姆斯先生提供一些帮助。

“像工作中找文件或打印材料等事情，起初都是詹姆斯先生自己亲自做。但是到了后来，他发现下班后我也待在公司，就让我帮助他做些这样的日常性工作……”

詹姆斯先生为什么会养成召唤安娜小姐的习惯呢？因为她主动留在办公室，使詹姆斯先生随时可以看到她，并且诚心诚意为其服务。这样做获得了报酬吗？没有。但是她获得了更多的机会，使自己赢得老板的关注，最终获得了提升。所以说，“每天多做一点”的工作态度能使你的工作逐渐变得更加出色而从竞争中脱颖而出。

成功者永远比别人做得更多更彻底。如果不是你的工作，而你做了，这就是机会。有时，在工作中我们不必比别人多做许多，只需要一点点就已足够，就会让旁人刮目相看。事实表明，只有超越领导的期望，付出超值的努力，你才能在竞争中脱颖而出。每天多做一点会使你最大限度地展现自己的工作态度、最大限度地发挥你的天赋，从而使你的自身价值不断得以提升。很多人花费大量的时间和精力去寻找成功的捷径，却从来不肯多花费一点时间用在工作上。其实，不要小瞧自己比别人多付出的那一点，它也许就会改变你的一生，伟大的成就通常是一些平凡人经过自己的不断努力而取得的。

芳芳是一家公司的秘书。她的工作就是整理、撰写、打印一些材料。虽然工作单调而乏味，但她却依然对工作尽职尽责。在长期的工作中，她发现公司的文件中存在着一些问题，甚至公司在经营运作方面也存在着不足。于是，芳芳除了每天必做的工作之外，她还细心地搜集一些资料，就连过期的资料也不放过。她把这些资料整理分类，然后进行分析，写出建议。最后，她把打印好的分析结果和有关证明资料一并交给了老板。老板读了她的这份建议，感到非常吃惊，一位年轻的秘书，居然有这样缜密的心思，而且分析井井有条、细致入微。老板认为，她是公司里不可多得的人才，并且为公司做了卓越的贡献。后来，芳芳的很多建议都被公司采纳了。当然，她很快得到了老板的重用，得到了晋升。

全心全意专注工作、尽职尽责完成任务对于获取成功来说，还是不够的。你还应该比自己分内的工作多做一点，每天多努力一点，比别人期待的更多一点，如此可以吸引更多的注意，给自我的提升创造更多的机会。

多做一些看似分外之事，往往能让你拥有更多的机会和收获。每天多做一点点，并不会占用你多少时间，但是会让你离成功更近一步。“每天多做一点点”是一种极珍贵的工作素养，它能使人变得更加敏捷，更加积极。无论你从事什么工作，“每天多做一点点”的工作态度能使你从竞争者中脱颖而出。

怎样批评，下属才愿意听

在工作当中，每个人都难免出现错误疏漏，下属也不例外。这个时候就需要领导者对下属进行批评教育和纠正，达到不再犯的目的。但是批评的尺度和方法却又必须掌握得当，减少下属对批评的抵触情绪，以达到较理想的批评效果。若是领导者在批评下属时，不讲究方式、方法，一味地横加指责，不但不会顺利达到教育下属的目的，反而还会引起下属的反感。

詹姆斯是一位精明能干的经理，可是脾气不太好，不能容忍下属工作中出半点差错，不然的话就大发雷霆。

有一次，他看到一份报告上有一个错字，那是个拼写错误，有人把Believe 写成了 Beleive。于是，雷霆大怒的詹姆斯把写错字的工程师叫到了办公室。

“你这个家伙连这么点错误都要犯，你到底是怎么读的博士学位？E 怎么可能在 I 的前面，记住，I 永远在 E 的前面。”整个走廊都听得见詹姆斯的声音。

可是，没过几天，詹姆斯看报告时又发现了同样的拼写错误，而且又是上次那个工程师。

这次，詹姆斯被彻底地激怒了，他叫来了那个“屡教不改”的工程师，怒不可遏地冲他咆哮道：“噢！上帝怎么也会让你长个脑袋？你忘了我上次怎么说你的吗？”

那个工程师很平静，恶狠狠地盯着詹姆斯说道：“你不是说 I 永远在 E 之前吗？”詹姆斯大声回答：“是。”工程师二话不说，随手从桌上拿起一份文件，把上面的 Boeing 字样一笔勾去，写成了 Boieng。

这个不愉快的结局是由于这位詹姆斯经理缺乏批评技巧，如果他当时不那么气愤，而且采用一种心平气和的态度，可能就会很好地协调了上下级的关系。看来，批评下属是需要一定的分寸、尺度和语言技巧的。

就心理学而言，批评下属的过程是领导者与下属在思想、感情上的相互交流与认同的过程。在批评过程中，领导者越是尊重、理解下属的处境，就越能获得下属对批评意见的重视与接受。在发表批评意见中，尊重能使人懂得维护他人的自尊心，维护其面子；不出语伤人，不逞口舌之快，设身处地地去替他人考虑；讲话不自以为是，不强加于人。在接受批评意见中，尊重使人竭力认同别人批评意见中的有益部分，并予以积极的肯定。人们越是能尊重理解人，就越能冷静、客观地面对别人的批评意见。从这个意义上来说，尊重、理解，才是使忠言不逆耳、闻过不动怒的转化条件。

作为领导者，千万不要将批评当作发泄不满情绪的方式，批评不是发泄感情，除非你是恶意的批评。善意的批评是要为对方着想，而不是纯粹表达自己的愤怒。下属在接受批评时，可能会产生两种截然不同的感受：一种是很快意识到领导是在为自己好，是善意的批评；另一种则是认为领导在找人发泄心中的不快，是恶意的批评。在这两种不同的感受之下，人们对批评所接受的程度也完全不同。

波士顿是一家工程公司的安全协调员，他的职责之一是监督在工地工作的员工戴上安全帽。每次一碰到没戴安全帽的人，他就会官腔官调地批评他们没有遵守公司的规定。员工虽然表面接受了他的训导，但却满肚子不愉快，常常在他离开后就又将安全帽拿了下来。于是，他决定停止当面批评。当他再发现有人不戴安全帽时，就问他们是不是帽子戴起来不舒服，或有什么不适合的地方，然后他会以令人愉快的声调提醒他们，戴安全帽的目的是为了保护自己不受伤害，建议他们工作时一定要戴安全帽。结果遵守规定戴安全帽的人愈来愈多，而且也不再像以前那样出现怨恨或不满情绪了。

批评是一个敏感的话题，哪怕是轻微的批评，都不会如赞扬那样使人感到舒畅。如果领导者态度不诚恳，或者居高临下，冷峻生硬，就会引发矛盾，产生对立情绪，使批评陷入僵局。因此，批评必须注意态度，诚恳而友好的态度就像一剂润滑剂，往往能使摩擦减少，从而使批评达到预期效果。

人在本性上都是不愿受到指责、批评的，不管你说的对不对，都可能让人不舒服，但是，批评如果注意方式方法，则能让人欣喜感慰着接受的，这就要求领导者能使批评达到春风化雨、甜口良药也治病的效果。

有一次，某公司的一个职员以参加其祖母的丧礼为由请了一天的假，结果此事被其上司撞破了。等这位职员回到公司之后，上司问他："你相信人会死而复生吗？"

还没有反应过来的职员没有思索就答道："当然相信。"

“这就对了，”上司微笑着说，“昨天你请假去参加祖母的丧礼，今天她就来看望你了。”

这位上司将对下属的批评很好地融入开玩笑式的幽默之中，既能达到批评下属的目的，又能够让下属明白上司用幽默来处理此事的深意。这样的上司无疑会和下属相处得非常融洽，从而使上下级的关系更为密切。

在实施批评的过程中，我们一定要记住针对的是一件事而不是一个人，对下属出现的失误和错误，既要分清性质、程度和危害，不失时机地予以教育处理，又要与人为善，留点面子，不伤其人格，避免方法不当而激化矛盾，以至产生顶撞、对立的后果。

用你的忠诚，赢得老板的青睐

忠诚是每个人的立身之本，也是职场中最应值得重视的美德。只有忠诚才能把事情做好，对他人负责，对自己负责。一项调查结果显示：最受老板器重的员工往往不是最具有能力的那一个，而是最忠诚的那一个。因为忠诚，他们才能尽心尽力，尽职尽责；因为忠诚，他们才能急企业所急，忧企业所忧；因为忠诚，他们才敢于承担一切。

索尼公司有这样一句话："如果想进入公司，请拿出你的忠诚来。"这是每一个意欲进入日本索尼公司的应聘者常听到的一句话。索尼公司认为：一个不忠于公司的人，再有能力，也不能录用，因为他可能为公司带来比能力平庸者更大的破坏，索尼公司不喜欢"叛徒"。

李华是一家企业的销售部主管，他聪明能干，业绩突出，经常受到公司的嘉奖。然而最近，他却悄悄离开了公司。

原来，李华在催讨销售款项时，曾经收过一笔现款，他的主管领导说可以不入账了："没事儿，这是行业的潜规则，大家都这么干，不拿白不拿，以后多学着点儿。"李华当时虽然觉得这么做不妥，但是他也没拒绝，半推半就地拿了一万元。当然，他的主管领导拿到的更多。没多久，李华的主管领导就辞职了。后来，公司老总发现了这件事，李华不能在公司待下去了。

李华很后悔，但是有些东西失去了是很难弥补回来的。李华失去的是对公司的忠诚，还能奢望公司再相信他吗？

忠诚是衡量人品的一把尺子，也是职场中最应该值得重视的美德。因为每个企业的发展和壮大都是靠员工的忠诚来维持的，如果所有的员工对公司都不忠诚，等待它的只有一条路——那就是破产，而那些不忠诚的员工也尝到了自己种下的苦果——失业。

在职场中，你忠诚于你的公司，你所得到的不仅是公司对你更大的信任，你的所作所为还会让企图诱惑你的人感觉到你人格的力量。如果你背叛了公司，你的身上就背负这一辈子都擦拭不掉的污点，还会有人愿意用你吗？没有人敢用一个曾经背叛自己公司的人。背叛忠诚的代价就是给自己的人格和尊严抹上污点。

林涛到一家公司面试时，面试官对他的工作能力很认可，不料，面试官最后又提出了一个“终极”问题：

“以你的能力和资历，我们很欢迎你这样的人才到我们公司来工作。我听说，你以前的公司开发了一个新的财务应用软件，据说你提了很多有价值的建议。我们公司也正在策划这方面的工作，你能否透露一些你以前公司的情况，你知道这对我们很重要，而且这也是我们为什么看中你的一个原因。请原谅我的直白。”面试官说。

“你提出的这个要求令我感到失望，同样我的回答也会使你失望的。很抱歉，我有义务忠诚于我的公司，即使我已经离开，无论何时何地，我都必须这么做，与获得一份工作相比，忠诚守信对我而言更重要。”林涛说完就走了。

林涛的朋友都替他惋惜，他却为自己所做的一切感到坦然。

没过几天，林涛收到了来自这家公司的一封邮件。

信上写着："林涛，祝贺你被我公司录用了，不仅因为你的专业能力，更重要的还有你的忠诚。"

忠诚是一个人的优势和财富，只有具备了忠诚的品质，才能赢得老板的信赖，进而被委以重任。很多公司在挑选人才时，不仅看重员工的个人能力，而且更看重员工的品德，而品德最为关键的是忠诚。

所以，忠诚于自己的公司，忠诚于自己的老板，与公司同舟共济、荣辱与共，全心全意为公司工作，把公司当成自己的公司，公司成功了，你自然也就赢得了成功。

不居功自傲是明智的选择

职场上有这么一种人：善于表现自己，凡事都要争个"先手"，甚至在上司面前抢着出风头，盖过上司的锋芒。殊不知，这已经触犯职场的规则，抢了上司的风头，断了自己的路。

王刚是一家公司的销售员，销售业绩每个月都是第一名，平日总是自恃能力出众，目空一切，和上司在一起时便常常忘记自己的身份，过分表现自己，抢上司的风头。

有一天，公司有客户来访，王刚和上司两人负责接待。在迎客之时，他抢在上司前面与客户握手、寒暄。交谈时，本该说话的是上司，他也替上司说了，给人感觉他才是公司的领导，完全忽略了上司的存在。

送走客户，上司终于忍不住把他批评了一通，说他目无领导，不清楚自己的职位。本来上司是准备提拔他为销售主管，从此以后，这个想法也就打消了。

王刚之所以会落到如此地步，就是因为他过分展现自我，抢了上司的风头，所以被上司训斥也就是情理之中的事了。

身处职场之中，积极努力地表现自己本没什么错，但如果你肆无忌惮地去抢上司的风头就太不明智了。因为上司之所以成为上司，自有他的过人之处。

在现代职场中，一些争强好胜、喜欢炫耀的人，总会处处表现出自己的不凡，习惯性地抢上司的风头，甚至表现得比上司更像上司。这其实是不成熟的表现，会令上司讨厌的。通常情况下，上司都希望部下个个精明能干，能独当一面，但也有一部分的上司不希望部下比自己强。如果你遇到的上司是一位超凡脱俗的人，他会把你看作一位不可多得的人才，将会奉你为座上宾；如果你遇到的上司是嫉贤妒能之人，那他将会把你看作他的竞争对手、心腹大患，你将面临一场严峻的考验……所以，当你取得一定成绩时，不居功自傲，这是明智的选择。